Ursula della Schiava-Winkler

Bitte nicht stören, bin im Stress

Ursula della Schiava-Winkler

Bitte nicht stören, bin im Stress

Ihr Guide aus der Stressfalle

Trainerverlag

Impressum / Imprint
Bibliografische Information der Deutschen Nationalbibliothek: Die Deutsche Nationalbibliothek verzeichnet diese Publikation in der Deutschen Nationalbibliografie; detaillierte bibliografische Daten sind im Internet über http://dnb.d-nb.de abrufbar.

Bibliographic information published by the Deutsche Nationalbibliothek: The Deutsche Nationalbibliothek lists this publication in the Deutsche Nationalbibliografie; detailed bibliographic data are available in the Internet at http://dnb.d-nb.de.

Coverbild / Cover image: www.ingimage.com

Verlag / Publisher:
Der Trainerverlag
ist ein Imprint der / is a trademark of
AV Akademikerverlag GmbH & Co. KG
Heinrich-Böcking-Str. 6-8, 66121 Saarbrücken, Deutschland / Germany
Email: info@verlag-trainer.de

Herstellung: siehe letzte Seite /
Printed at: see last page
ISBN: 978-3-8417-5052-5

INHALTSVERZEICHNIS

STRESS?

1. DIE UNBEQUEME WAHRHEIT- DEM STRESS AUF DER SPUR

Stress ist in unserem Alltag sehr verwurzelt, wir leben erstens in einer sehr schnelllebigen Zeit mit rasantem Wandel und vielen Veränderungen und zweitens in einer Zeit mit voll ausgebuchten Arbeits- und Freizeitterminkalender. Die 24Stundengesellschaft ist längst Realität.

Stress, das Phänomen unserer Zeit, hat viele Gesichter: Ärger, Druck, Informationsflut, Überforderung, Übermüdung etc. Belastbar zu sein bedeutet auch Niederlagen verkraften zu können, nicht immer den Weg des geringsten Widerstandes zu gehen, die Zähne zusammenbeißen zu können, eine hohe Arbeitsbelastung gut bewältigen und dabei die Contenance wahren zu können. Diese Art von Stressfähigkeit kann mit Hilfe von Erfahrungen erwachsen und erfordert Selbstdisziplin, geistige Konzentration, Stressresistenz und Ausgeglichenheit.

Durch eine umfassende Selbstanalyse, Gedankenanstöße, Stressmanagement-Techniken, Tipps zur Selbstorganisation, Körper- und Entspannungsübungen und Zeit zur Besinnung auf das Wesentliche werden Sie Ihren persönlichen Weg aus der Stressfalle finden. Mit Stress und Termindruck müssen nicht nur Manager umgehen können, sondern jeder von uns.

Schon Kinder erleben den Stress der heutigen Zeit. Schulische Situationen, Konflikte mit Geschwistern, Eltern/Kind;

Lehrer/Erzieher/Eltern/Kind und bei Streit mit Freunden reagieren Kinder oft auffällig, weil sie überfordert sind. Feststeht dass von 700 Dritt- und Viertklasslern: 29% angeben, mehrmals in der Woche nicht gut schlafen zu können, 17,1% mehrmals in der Woche keinen Appetit hatten, 17,1% über Kopfschmerzen und 11,1% über Bauchschmerzen klagen. Nachtträume, Schlaflosigkeit, Schuldgefühle, Ängstlichkeit, Depression, Hypervigilianz oder Rückzugsverhalten sind die Folge, sagen die Fachleute. Als Eltern beobachten wir angespannte, müde, nervöse, ängstliche Kinder, die sich nicht wohl fühlen.

Muster?

1.1. Der Stress im Visier

Stress ist ein Alarmsignal, das den Körper warnt und die Aufmerksamkeit erhöht, eine automatische, also unbewusste Alarmreaktion, die den Körper auf blitzschnelles Handeln vorbereitet.

Medizinisch ausgedrückt, bedeutet Stress die Summe aller auf uns einwirkenden Reize.

Je nachdem, welche Bedeutung wir dem Stress zuschreiben, kann dieser positiv oder negativ wahrgenommen werden:

Nach der positiven Wahrnehmung ist Stress ein Zustand erhöhter Wachsamkeit unserer Umwelt gegenüber. Die Konzentrationsfähigkeit und die Leistung steigern sich. Personen genießen ihre gesteigerte Leistungsfähigkeit und erleben den Stress als etwas Positives. Dieser sogenannte positive Stress wird auch Eustress benannt und ist notwendig zur Gesunderhaltung des menschlichen Organismus.

Stress kann sich ebenso als Gefühl des subjektiven Unwohlseins ausdrücken, dies zumeist als Folge von körperlicher oder geistiger Überforderung. Stress wird als negativ empfunden, Personen fühlen sich überlastet und haben außerdem das Gefühl, den Stress nicht ausreichend bewältigen zu können. Dieser negative Stress wird Distress bezeichnet und ist schädigend, da er unser körperliches und seelisches Gleichgewicht auf Dauer empfindlich belastet.

Die Reaktionen sind immer auf drei Ebenen möglich.

Die drei Anteile treten nicht immer gleichzeitig und gleich stark auf. Dennoch spielen alle drei sowohl bei der Entstehung als auch bei der Aufrechterhaltung der Stresssymptomatik eine Rolle.

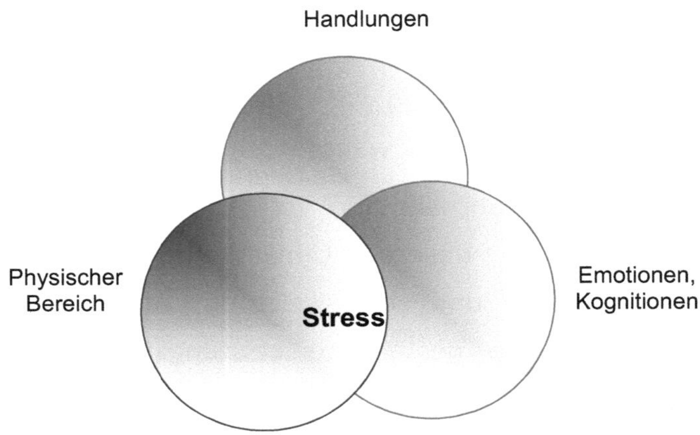

Abbildung 1: Auswirkungen auf 3 Ebenen (Academy4socialskills; 2011)

Auf der Handlungsebene

Sie wenden sich ab, flüchten, gehen kritischen Situationen aus dem Weg oder kämpfen.

Auf der gedanklich-emotionalen Ebene

Sie fürchten z.B. die Kontrolle zu verlieren oder zu sterben.

Auf der körperlichen Ebene

Sie schwitzen oder frieren, erleben z.B. Schwindelgefühle, Muskelverkrampfungen, Benommenheit, Flimmern vor den Augen, Taubheit oder Kribbeln in verschiedenen Körperteilen, Übelkeit, Herzrasen, Harn-, Stuhldrang, Atemnot bis hin zu Erstickungsgefühlen.

Akuter Stress ist, obwohl er als unangenehm erlebt wird, meist nicht gefährlich, sondern einfach nur eine Anpassung des Organismus auf Belastung. Heikel wird´s, wenn zwischen den Stressphasen keine Zeit mehr zur Erholung bleibt und die permanenten Anforderungen sich zur chronischen Überforderung entwickeln. Dann lässt sich die Frage „Ist Stress wirklich ungesund?" eindeutig mit „Ja" beantworten: 90 Prozent aller Herzinfarkte sind Lebensstil-bedingt, nur zehn Prozent bleiben für die Genetik. Und: Innerhalb einer Stunde nach einer akuten Stresssituation steigt das Infarktrisiko auf das 17-fache.

Die langfristigen Folgen von Stress auf Körper und Seele sind vielfältig, sie können über allgemeine Erschöpfung und

Müdigkeit hinaus körperliche Erkrankungen, Schmerzsyndrome und Autoimmunerkrankungen triggern. Beispiele sind:

Allergien, Ängste, Alkoholismus, Bluthochdruck, Burnout, chronische Magen-Darmerkrankungen (wie Gastritis, Reizdarm, Colitis ulcerosa; Morbus Crohn, Zwölffingerdarmgeschwür, Depression, Drogenkonsum (incl. Rauchen), Essstörungen, Fibromyalgie, Hautleiden, HNO-Erkrankungen (Hörsturz, Tinnitus, Schwindel, ständig wiederkehrende Erkältungen), Kopfschmerzen/Migräne, rheumatische Erkrankungen, Schlafstörungen, Überfunktion der Schilddrüse, eine Fülle von gynäkologischen/urologischen Problemen. Nahezu alle Beispiele zählen auch zum Komplex der psychosomatischen Krankheitsbilder.

Eine WHO-Studie zeigt, dass ca. 35% der Europäer stark unter Kummer, Sorgen oder Niedergeschlagenheit leiden. Stress am Arbeitsplatz ist in der EU das zweithäufigste arbeitsbedingte Gesundheitsproblem. 28% der Beschäftigten sind davon betroffen, in mittelgroßen Firmen sogar 36%. Eine wesentliche Ursache ist der zunehmende Arbeitsdruck und zusätzliche Doppelbelastungen innerhalb des familiären Umfelds.

Symptome wie Reizbarkeit, Ängste, Depressionen, Schlafprobleme oder vegetative Störungen nehmen stetig zu. Daher versucht der Körper, über längere Zeit ohne Rücksicht auf langfristige Schäden maximale Energiereserven freizusetzen. Dabei geht es dem Körper wie einem ständig überlasteten Motor. Ohne Pausen und Regenerationsphasen ist ein Zusammenbruch nur eine Frage der Zeit.

Befragt man Personen, wodurch Sie am meisten in Stress kommen, bekommen wir folgendes Bild:

Zeitmangel	50%
Arbeitsdruck	29%
Konflikte in der Familie	26%
Lärm	26%
Grübeleien	25%
Ängste	24%
Ständiger Kontrollzwang	22%
Übersteigertes Leistungsstreben	21%
Kinder	21%
Krankheit	17%
Einsamkeit	10%
Hitze	9%

Abbildung 1: Stresssituationen

Im Normalfall ist Stress eine Reaktion des Körpers auf eine momentane Belastung oder Gefahr. Beim Nachlassen der Gefahr oder der Stresssituation lassen auch die Stressreaktionen des Körpers wieder nach. Gefährlich wird es allerdings, wenn aus dem kurzfristigen Stressgefühl ein dauerhafter Stress wird. Ist kein Abbau der mobilisierten Energie in Form von körperlicher Anstrengung und Bewegung möglich, entsteht eine große psychische und physische Belastung. Weil die lebensrettende reflexartige Bewegung ausbleibt, läuft die normale Stressreaktion nicht perfekt ab und der natürliche Abbauprozess ist gestört.

Über einen längeren Zeitraum wird dauerhafter Stress gefährlich. Je stärker und häufiger Stressoren auftreten, desto verkürzter ist die Erholungsphase und es findet eine Entartung des Eu- Stress zum Di- Stress statt.

Das Stressmuster mutierte im Laufe der Menschheitsgeschichte von einem kurzfristigen Alarmzustand mit anschließendem Abbau durch Bewegung zu einem Dauerstress ohne Entspannungsphasen. An Gründen für diese negative Wandlung mangelt es nicht. Die sogenannten Zivilisationsstressoren sind zum Teil an die steigende Weltbevölkerung gebunden, die durch den Erwerb und den Einsatz neuer Fertigkeiten im Bereich von Technik und Medizin zustande gekommen sind. Das Problem des Raummangels, der Nahrungs-, Energie- und Rohstoffknappheit ist global gesehen auch ausschlaggebend.

Verhaltensexperimente mit Tieren zeigen Parallelen zw. höheren Tieren und Menschen. An Tieren, bei denen man Stresseinwirkung an Hand von gesträubten Schwanzhaaren deutlich messen kann, wurde folgendes festgestellt: Bei zu großer Population und Überbevölkerung entwickelten sie innerhalb kürzester Zeit ein gestörtes Sozialverhalten. Die dauernde Stressbelastung durch Dichtestress, hervorgerufen durch Raummangel und den daraus resultierenden Streit der Erwachsenen, führte zu langsamerem Wachstum und Rangniedrigkeit der Jungtiere. Bei Rangunterschied zweier Tiere auf abgegrenztem Raum entstand wiederum Dauerstress für das rangniedrigere Tier, weil es weder angreifen noch fliehen konnte, wie es dem biologischen Fluss entsprechen würde. Die Folge waren Schäden im Kreislauf- und Nervensystem und das schon nach wenigen Stunden. Auch beim Menschen können die körperlichen Folgen einer Stressreaktion mit Hilfe des EEG, EKG und Hautwiderstandes gemessen werden.

Die Welt, in der wir leben, beinhaltet eine Vielzahl typischer Stressquellen. Unnatürliche Umweltgestaltung (Lärmplage, Luftverpestung, Verkehrsstress, optischer Stress, sozialer Dichtestress, allgemeine Hektik im Großstadtleben) führt zu Stressreizen und so zu einer Veränderung und Störung der biologischen Funktion des Menschen. Regeln, Traditionen, Gewohnheiten und Tabus, die von der Zivilisationsgesellschaft aufgestellt werden, steigern Ängste und fördern dadurch die künstliche Aufrechterhaltung der Stresssituation. Existenzielle Faktoren, wie z. B. die Angst um den eigenen Arbeitsplatz oder finanzielle Probleme, soziale Faktoren wie z. B. Konflikte mit anderen Menschen, Termine, die wir einhalten müssen, Bewerbungen oder Gespräche mit Vorgesetzten bringen uns in stressige Situationen. Viele Menschen leiden heute unter Dauerstress. Ständiges Grübeln, Schwierigkeiten, Entscheidungen zu fällen, Depressionen und irrationale Ängste und das Gefühl, sein Leben nicht mehr richtig unter Kontrolle zu haben, sind eine typische Begleiterscheinung von chronischem Stress. Bereits die geringsten Schwierigkeiten erscheinen unlösbar und unüberwindbar. Dauerstress lähmt uns. Wir können bei der Arbeit nicht schnell genug vorankommen. Der dabei entstehende Zeitdruck schafft neuerlichen Stress, die Stressspirale entsteht. Wir treiben uns immer weiter zur Leistung an und können uns immer weniger entspannen. Wir alle verfügen über eine ganze Menge Energie und Kraft, um Stressoren auszuhalten. Jedoch wie eine Batterie immer wieder aufgeladen werden muss, so müssen auch wir uns Erholungsphasen gönnen. In der Regel haben wir immer noch Reserven, auch wenn wir schon das Gefühl haben, nicht mehr weitermachen zu können. Das Warnsignal der Erschöpfung sollten wir aber in jedem Fall sehr ernst nehmen und keinesfalls übersehen. Starker und dauerhafter Stress kann sich schnell gesundheitsschädigend auswirken. Stress baut sich nicht einfach schnell ab, wir müssen uns immer wieder Möglichkeiten zum Entspannen schaffen. Ein oder zwei Stressfaktoren können bewältigt werden. Häufen sich jedoch Stressfaktoren und kommen immer wieder neue dazu, kommt es zu einer psychischen und physischen Überforderung, die Kurzschlusshandlungen zur Folge haben kann.

43% der befragten Personen, geben nachfolgende körperliche Beschwerden, die Sie im Stress an sich wahrnehmen an:

Angst	37%
Schlafstörungen	34%
Muskelverspannungen	31%
Rückenschmerzen	30%
Nackenschmerzen	26%
Kopfschmerzen	25%
Magendruck	22%
Atembeschwerden	12%
Brustschmerzen	11%
Migräne	10%
Kloß im Hals	10%
Verstopfung	10%
Übelkeit	8%

Erbrechen	3%

Abbildung 2: Körperliche Beschwerden im Stress

Im Gegensatz zum Urmenschen, der Stress durch Abbau (Bewegung) bewältigte, ist Stress beim Menschen der Neuzeit zu einem krankhaften Geschehen mit gesundheitlicher Belastung geworden.

Schlechte Ernährung und zu wenig Bewegung tragen das ihre dazu bei. Unsere eigene Art und Weise, wie wir subjektiv auf unsere Umgebung oder auf bestimmte Ereignisse reagieren, schafft die Voraussetzungen für unnatürliches Stressgeschehen. In der Freizeit vor dem Fernseher zu sitzen, hat bestimmt nichts mit Stressabbau zu tun, im Gegenteil.

Durch permanente Reizüberflutung kommt es zur Einwirkung neuerlicher Stressfaktoren. Die Stressoren haben an Zahl, Stärke und Dauer zugenommen. Die Anpassungsfähigkeit des Menschen an die Stressoren ist begrenzt. Werden die Signale des Körpers überhört, kann der daraus entstehende chronische Stress folgende Krankheiten auslösen: Die Palette der Beschwerden reicht von Durchfall über Verstopfung, Allergien, Hautausschlag, Brechreiz, Sodbrennen, Magenschmerzen bis hin zu Herz-/Kreislauferkrankungen, Depressionen, Erkrankungen des Magen-/Darmtraktes, Migräne und Ohrensausen. Häufig treten Blähungen, Sodbrennen, Harndrang, Rücken- und Gelenksschmerzen sowie der Ausbruch von Lippenherpes auf. Erste Symptome einer Stressbelastung sind Müdigkeit, Zerstreutheit und Vergesslichkeit.

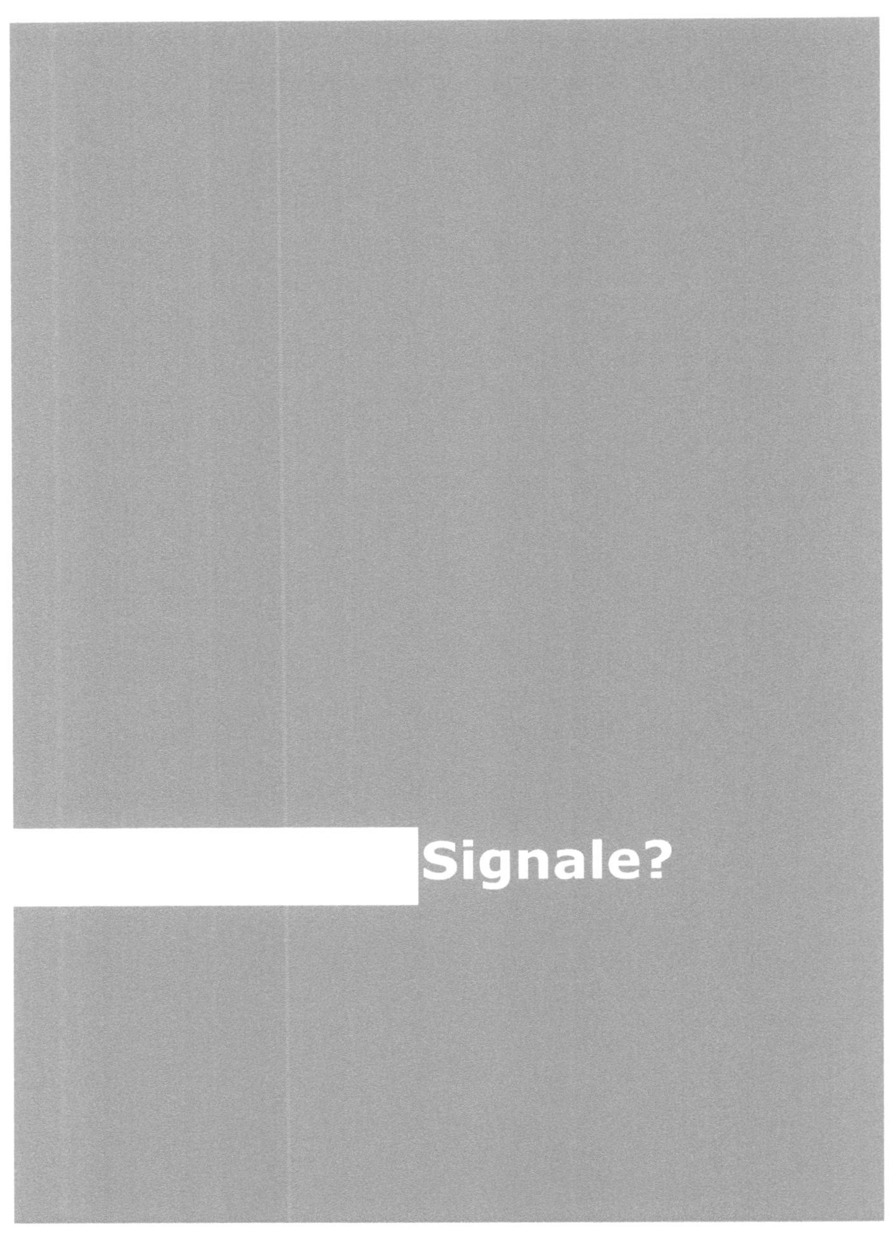
Signale?

1.2. Stressvorgänge im Körper

- Der Sehnerv leitet visuelle Bedrohungsreize an den Thalamus,
- die Pupille weitet sich,
- der Hypothalamus startet die Kaskade von Stresshormonen und Nervenbotschaften,
- die Hypophyse regt die Nebennieren zur Hormonproduktion an,
- der Thalamus leitet Bedrohungsreize an die Großhirnrinde, die ruft ihr Gedächtnis ab,
- Hippocampus meldet Bedrohung an den Mandelkern,
- der Mandelkern koordiniert neuronale und körperliche Angstreaktionen,
- der Kaumuskel spannt sich,
- die Körper- und Kopfhaare stellen sich auf,
- die Haut wird blutleer und somit bleicher,
- der Armmuskel spannt sich,
- die Bronchien weiten sich,
- das Herz schlägt schneller,
- die Leber sorgt für Zuckernachschub,
- die Schweißdrüsen arbeiten verstärkt,
- Nebenniere produziert Stresshormone,
- die Bauchspeicheldrüse vermindert Insulinproduktion, der Blutzuckerspiegel erhöht sich,
- der Darm erzeugt Stuhldrang,
- die Blase erzeugt Harndrang,

- die Beinmuskeln spannen sich,
- die Geschlechtsorgane drosseln ihre Hormonproduktion.

Dieser Ablauf geschieht wenn wir vor einem Tiger stehen, aber genauso wenn unser Drucker nicht funktioniert. Viele Vorgänge in unserem Körper werden über Hormone gesteuert. Hormone werden in sog. Hormondrüsen erzeugt. Die zentrale Steuerdrüse in unserem Körper ist die Hirnanhangsdrüse oder auch Hypophyse genannt. Es gibt eine ganze Reihe von Auslösern, die die Hypophyse aktivieren. Untersuchungen haben gezeigt, dass bei Gefühlen wie z.B. Wut, Zorn, Hass, Neid, Aggression, Angst, die Hypophyse einen Botenstoff - ein Hormon - an die Nebenniere sendet und das Hormon Adrenalin aktiviert

Adrenalin hat nun mehrfache Wirkungen: Es schaltet die Verdauung ab. Dies führt zu dem "komischen" Gefühl im Bauch, das jeder kennt. Es erhöht die Herzfrequenz um dem Gehirn mehr Blut und Sauerstoff zuzuführen. (Dein Puls rast, Du hast Herzklopfen) Es schaltet das Immunsystem - die Thymusdrüse ab.

Der Körper nimmt die Stressoren mit den Sinnesorganen wahr. Diese aktivieren über den Hypothalamus und bestimmte Gehirnbahnen das Vegetatives Nervensystem, insbesondere den Sympathikus, und die Hirnanhangsdrüse (Hypophyse). Die Hypophyse schüttet den Botenstoff ACTH (adrenocorticotropes Hormon), welcher im Hypophysenvorderlappen produziert wird, in die Blutbahn aus. ACTH regt die Nebennierenrinden zu einer gesteigerten Produktion von corticoiden Hormonen an. Über Sympathikusimpulse wird das Nebennierenmark zur Produktion der Stresshormone Adrenalin und Noradrenalin angeregt.

Die Hormone werden ins Blut abgegeben und verteilen sich so im ganzen Körper.

Sie bewirken eine Steigerung des Blutdrucks, die Herzfrequenz wird erhöht, die Leber gibt vermehrt Zucker und Fette ins Blut ab, die Verdauung wird verlangsamt, der Stoffabbau wird verhindert, das Immunsystem wird abgeschaltet, Gehirnschaltungen werden blockiert. Alle Körperfunktionen, die nicht für eine schnelle Reaktion auf die Reize erforderlich sind, werden heruntergefahren.

Eine andere Möglichkeit ist, dass man durch Stress völlig passiv und reaktionsunfähig wird. Man wird blass, auf der Stirn bilden sich Schweißperlen, die Muskeln erschlaffen und es besteht die Gefahr einer Ohnmacht.

Weil unser Gehirn nicht immer richtig beurteilen kann, welche Situationen bedrohlich sind und welche nicht, reagiert es häufig mit Stress. Wenn dies nur kurzzeitig geschieht, hat es keine körperlichen Folgen, denn durch Erholung wird dies wieder ausgeglichen. Dass lange andauernder Stress bei allen beschriebenen körperlichen Reaktionen nicht folgenlos für unseren Gesundheitszustand bleiben kann, versteht sich von selbst.

Stress hat sich mittlerweile auch schon in die Freizeit eingeschlichen. Laut Untersuchung über den Freizeitstress sind die am häufigsten genannten Stress auslösende Freizeitsituationen:

Gedränge	73%
Gestörtes Ruhebedürfnis	64%
Pflichtbesuche	60%
Familientreffen	59%
Verkehrsstau	58%
Veranstaltungslärm	55%
Musikalische Dauerberieselung	42%
Zu viel vorgenommen	42%
Alleinsein	33%

Stress löst in unserem Körper Stressreaktionen aus. Wiederholte Auslösung führt zu einer "Automatisierung" durch das abspeichern der entsprechenden Bewegungsmuster. Die Feinsteuerung erfolgt durch Bewegung und einkommende Informationen die wir beide nicht haben. Die reine Steuerung über Bewegungsmuster ist aber übertrieben, nicht angepasst, grobmotorisch. Und siehe da: nach ein paar Jahren Tätigkeit am Schreibtisch fühlt sich unsere Nackenmuskulatur steinhart an.

Mag. Ursula della Schiava-Winkler, 1080 Wien, Lerchenfelderstr.120, www.socialskills4you.com,
Email: udsw@socialskills4you.com

1.3. Sand im Getriebe, wie der Körper automatisch Stress abbaut

Das Wort Stress stammt aus dem Englischen und wurde ursprünglich auf dem Gebiet der Materialprüfung im Sinne von Anspannung und Verzerrung verwendet. 1950 erstmals in der Biologie gebraucht, war Stress die Belastung bzw. Anstrengung, der ein Lebewesen täglich durch Lärm, Frustration, Schmerz, Existenzangst und Hetze ausgesetzt ist und deswegen unter psychischem und physischem Druck steht.

Den Einzug in den heutigen Sprachgebrauch mit eindeutig negativer Bedeutung erhielt der Begriff Stress ungefähr zwanzig Jahre später als Bezeichnung für ein unvermeidliches Problem der Zivilisation. Stress ist eine Bedrohung für unsere Gesundheit und Wohlbefinden. Dabei wird gänzlich außer Acht gelassen, dass Stress ein lebensnotwendiger Vorgang ist. Schon in der Steinzeit war Stress ein lebenswichtiger Mechanismus, der im Menschen verankert war. Bei einer Reizeinwirkung aus der Umwelt, die als Gefahr definiert wurde, z. B. einem Schatten, einem ungewöhnliches Geräusch oder dem Anblick des Feindes, schaltete sich automatisch der Verteidigungsmechanismus ein.

Der Urmensch musste zwischen den zwei Alternativen "fliehen" oder "kämpfen" wählen. In Sekundenschnelle wurde im Gehirn eine Situation als gefährlich eingeschätzt und die Entscheidung für Flucht oder Angriff gefällt und alle Energiereserven für eine extreme Muskelleistung mobilisiert. Diese reflexartige Reaktion gilt aber keineswegs nur für den Steinzeitmenschen, sondern ist auch bei uns unlöschbar einprogrammiert, ähnlich wie auch der Reflex des Wegziehens unserer Hand, wenn wir uns verbrennen. Reflexe, die automatische Reaktion des Nervensystems, sicherten unseren Vorfahren das Überleben.

In Situationen, in denen es keine Zeit für Überlegungen gab, war diese spontane Reaktion gefragt. Wenn z. B. im Wald ein dunkler Schatten in den Augenwinkeln auftauchte, war keine Zeit mehr zu überlegen, ob es sich um ein gefährliches Raubtier handelte oder um ein harmloses Reh. Es musste sofort eine Reaktion erfolgen. Damals wie heute ist dieser angeborene Reaktionsmechanismus von größter Bedeutung. Gesetzt den Fall: Ihnen läuft ein Kind vor das Auto. Sie dürften nicht erst überlegen, was die richtige Reaktion darauf wäre. Dank Ihres Reflexes werden Sie auf die Bremse treten, ohne lange zu überlegen. Wo ist aber nun ein Bezugspunkt zum Thema Stress zu suchen?

Ordnen wir eine Situation als bedrohlich ein, folgt daraus eine Körperreaktion in Form von Erhöhung des Herzschlags, Puls, Blutdrucks und des Adrenalinspiegels. Der Grund, warum Hände und Füße kalt werden, ist die Verlagerung des Blutes aus den Extremitäten zu den Muskelbereichen, die notwendig für die schnelle Fortbewegung sind. Das geht auf Kosten anderer körperlicher Vorgänge, die zu diesem Zeitpunkt nicht unbedingt gebraucht werden, z. B. erfolgt eine Ausschaltung der Verdauungsprozesse, der Sexualfunktion und des Immunabwehrsystems. Auch Erneuerungs- und Wachstumsprozesse im Körper werden gehemmt.

Rinnende oder verstopfte Nase
Mundtrockenheit
Kloßgefühl im Hals
Husten
Kopfschmerzen
zu hoher oder zu niedriger Blutdruck
Verdauungsstörungen: Verstopfungen oder empfindlicher Magen
Unruhe
Angststörung
Herzklopfen
Schlaflosigkeit
Schwindelgefühle
Nasskalte Hände und Füße

Abbildung 3: Automatische Stressregulationsmechanismen des Körpers

In Situationen der Gefahr soll für derartige Funktionen keine Energie geopfert werden. Energie soll nämlich einzig und allein für die Bewältigung der momentanen Lage zur Verfügung stehen. Die Folge ist daher eine Störung grundlegender Vorgänge im Körper, die sich auf Dauer gesundheitsschädigend auf den gesamten Organismus auswirkt. Das Stammhirn des bereits unter Dauerstress stehenden Menschen reagiert in vielen Situationen, die gar nicht gefährlich sind, mit einer mehr oder weniger starken Stressreaktion. Weil das Stammhirn bei Überforderung nicht mehr fähig ist, zwischen einer echten oder nur als Gefahr eingestuften Bedrohung zu unterscheiden, kann es zu einer chronischen Stressreaktion kommen.

Klarheit?

1.4. Stress vermeiden in guten wie in schweren Zeiten

Stress kann Auslöser für die unterschiedlichsten Erkrankungen sein. Um unsere Gesundheit zu schützen, müssen wir auf Stress richtig reagieren. Wer immer alles unter Kontrolle haben will, gefährdet seine Gesundheit ebenso wie jemand, der krampfhaft versucht, jede Belastung zu vermeiden. Manche Menschen dagegen leiden weniger unter Stress, weil sie in der Lage sind, aus verschiedenen Strategien zur Stressbewältigung zu wählen, die für eine bestimmte Situation am besten geeignet ist.

Wichtig ist, dass sich der Organismus nach Phasen der Aktivierung immer wieder erholen und neue Kraft tanken kann. Um gegen Stress etwas tun zu können, muss ich vor allem wissen, was mir Stress bereitet. Ich muss meine ganz persönlichen Stressquellen erkennen. Was für den einen als Stress empfunden wird, muss für den anderen keinen Stressauslöser darstellen.

Übung: Werden Sie sich Ihren Situationen bewusst und nützen Sie eine kleine Gedankenreise sich zu vergewissern

Setzen Sie sich möglichst bequem in ihren Sessel, versuchen Sie sich so gut es geht sich auf sie selbst zu konzentrieren und überlegen sie einmal ganz still für sich:

Wie schaut Ihr ganz persönlicher Tages- und Wochenablauf aus?
Wie ist er strukturiert?
Wie ist er ausgelastet?
Was machen Sie wann?
Wie steht es dabei um Beziehungen- zu Ihrer Familie, zu Partnern oder Freunden, zu ihren Kindern?
Und jetzt gehen Sie gefühlsmäßig zu jenen Dingen, die sie persönlich als anstrengend oder vielleicht sogar als überanstrengend empfinden?
Und jetzt versuchen Sie dieses Gefühl symbolisch oder farblich auszudrücken, was fällt Ihnen ganz spontan ein?
Und jetzt überlegen Sie wie dieses Symbol, diese Farbe sein könnte, damit sie es als angenehm wahrnehmen!
Wie ist das Symbol jetzt?
Welche Farbe, welchen Klang nehmen Sie war?

Hören Sie auf Ihre innere Stimme. Verwöhnen Sie sich mit kleinen Dingen, die Ihnen Freude bereiten und nach denen Sie gelüstet. Das können auch einmal Naschereien sein. Sind Sie zornig, dann zeigen Sie es ruhig. Lassen Sie Ihren Gefühlen freien Lauf, sofern Sie niemandem damit wehtun. Weinen Sie ruhig einmal, oder schreien Sie, wenn es keiner hört. Verleihen Sie Ihren Gefühlen Ausdruck, indem Sie vielleicht malen, schreiben oder einfach nur mit jemandem reden. Eine Person, die sich Ihren Jammer anhört und weniger Ratschläge gibt, ist Goldes wert. Machen Sie nicht den Fehler, alles zu tun, nur um anderen zu gefallen. Denken Sie an Ihre eigenen Bedürfnisse. Vermeiden Sie Dinge, die Ihnen Stress bereiten, auch wenn sie momentan sehr wichtig erscheinen. Geben Sie Aufgaben an andere ab, Sie sind nicht der einzige Mensch, der alles bewältigen kann. Richten Sie sich Ihre Umgebung, Ihren Arbeitsraum so, wie es Ihrer Seele gut tut. Die Wirkung von Farben, Gerüchen, Blumen und Bildern kann auf unser Wohlbefinden starken Einfluss haben. Fällt Ihr Blick auf etwas Schönes und Erbauliches, hebt es Ihre Stimmung. Angenehme Musik kann in der entsprechenden Lautstärke entspannend wirken.

Jeder Mensch reagiert auf bestimmte Situationen anders. Analysieren Sie und schreiben Sie auf, was Ihnen in der Vergangenheit Stress bereitet hat, d.h. was für Sie nervig war und Ihnen viel Kraft und Energie gekostet hat. Dabei denken Sie nicht daran, dass das, was Sie als Stress empfinden, für andere "normal" sein könnte. Es kommt einzig und allein darauf an, was Sie subjektiv als Stress empfinden. Bewerten Sie Ihre Stressauslöser und verteilen Sie für ihren Schweregrad Punkte von 0 bis 10. Daran werden Sie rasch erkennen, was Ihre stärksten Stressquellen sind. Teilen Sie die Stressoren in drei Kategorien ein: ein bisschen Stress, mittelstarker Stress und sehr starker Stress. Sie können diese nun bewusst vermeiden oder gezielt etwas dagegen tun. Durch das Bewusstmachen der Stressfaktoren und der Sichtbarmachender größten Kraftfresser ist der erste Schritt in Richtung Stressvermeidung getan. Das Ziel ist, ein Gleichgewicht zwischen seelischem, körperlichem und geistigem Wohlbefinden zu erreichen. In diesen drei Bereichen muss der Mensch lernen, gut für sich zu sorgen.

Wir alle wissen, wie sich Stress anfühlt und erleben dieses Phänomen wahrscheinlich allzu oft. Stress im Beruf und im Privatleben, im Zusammenleben mit dem Partner und den Kindern. In einer Zeit, wo nichts schnell genug gehen kann, in der jede Tätigkeit aus Zeitmangel mit Stress verbunden scheint, gewinnt dieses Thema immer mehr an Priorität. Aber wie man Stressgeschehen erkennt und wie es sich auf den Organismus auswirkt, das wissen schon nicht mehr so viele Menschen. Gerade dieser Aspekt beinhaltet die Voraussetzung, etwas gegen die negativen Auswirkungen von Stress zu unternehmen. Betrachtet man die Situationen, die am Arbeitsplatz zu Stress führen, werden nachfolgende genannt.

Mitarbeiter	28%
Vorgesetzter	25%
Geistige Arbeit	23%
Körperliche Arbeit	21%
Überstunden	17%
Schichtdienst	17%
Zeitdruck, kurzfristige Termine	10%
Mangel an Richtlinien, Unsicherheit	10 %
Veränderungsnotwendigkeit	10%
Lernen	10%

Abbildung 4: Arbeitsplatzbelastungen

Dem gegenüber stehen die Belastungen im Privatleben:

Seelische Belastungen (Tod, Scheidung, Krankheit, Unfall)	31%
Finanzen	28%
Haushalt	26%

Kinder	25%
Partner	11%
Alleinerzieher	10%
Pflege von Angehörigen	7%

Abbildung 5: Private Stressoren

TIPP Seele baumeln

Lassen Sie die Seele baumeln. An einem ruhigen Plätzchen machen Sie es sich gemütlich und lassen Ihren Gedanken freien Lauf. Es geht darum, den Geist zu beruhigen und nicht darum, das Gehirn mit neuen Informationen aus Zeitung oder Fernseher zu beschäftigen. Am besten wäre es, zu meditieren. Durch die Konzentration auf das Hier und Jetzt wird der Geist freigemacht von allen Gedanken. Es reichen schon wenige Minuten, in denen man sich auf den Punkt konzentriert, sich von allen Gedanken zu lösen.

TIPP Ernährung

Vielleicht beginnen Sie, ihren Körper auch durch gesundes Essen zu verwöhnen und zu stärken. Insbesondere in Stresszeiten, wo er doch so viel "aushalten" muss, sollte er gut mit Vitaminen und Mineralstoffen versorgt sein. Die wichtigen Vitamine B1 und B6 sowie Magnesium sind in Haferflocken, Bananen, Kürbiskernen und Sonnenblumenkernen reichlich vorhanden. Wenn Sie dann noch auf Genussmittel wie Nikotin und Koffein verzichten, nehmen Sie Ihrem Körper eine zusätzliche Belastung ab und er wird es Ihnen mit Fitness und Schönheit danken. Ihre Vitalität, d.h. Ihre Lebensenergie hängt in erster Linie von einer ausgewogenen Ernährung und genügend Bewegung ab. Unsere Ernährung hat primär den Zweck, den Körper mit allen lebensnotwendigen Stoffen zu versorgen.

TIPP Gesundheit

Wasser ist ein wichtiger Bestandteil des Lebens. Der Mensch selbst ist zu einem Großteil aus diesem Element. Nutzen Sie dieses Element auf vielfältige Weise. Sie können wechselwarme Bäder nehmen, Kneippkuren durchführen oder ganz einfach schwimmen gehen. Es ist auch wichtig, täglich viel Flüssigkeit zu sich zu nehmen, drei Liter wären erstrebenswert. Viele Menschen trinken zu wenig. Scheuen Sie sich nicht, auch nur pures Wasser zu trinken. Teetrinken ist in unserer Kultur nicht so üblich.

Die Chinesen wissen die gesundheitsfördernde Wirkung zu schätzen. In unseren Breiten wurde nun auch der Grüne Tee als neue Wellness entdeckt. Während vom Genuss von zu viel Schwarztee abgeraten wird, kann Grüntee in vollen Zügen genossen werden. Er zeigt seine positive Auswirkung in der Kariesvorbeugung, in der Senkung der Blutfettwerte und er wirkt sogar krebsvorbeugend.

TIPP Bewegung

Unser Körper will sich bewegen, dazu ist er geschaffen. Bei mangelnder Bewegung stellen sich Beschwerden ein, die auf aufgestaute negative Energie zurückzuführen ist. Verspannungen der Muskulatur, insbesondere der des Rückens, sind die Folge. In Stresszeiten meinen wir, keine Zeit für sportliche Betätigung zu haben, außerdem fühlen wir uns bereits müde und abgespannt. Diese Energielosigkeit resultiert aus den Auswirkungen, die der Stress auf unseren Körper hat. Um sich diese Energie wieder zu holen, ist es nötig, durch einen Ausdauersport dem Körper Sauerstoff zukommen zu lassen. Ausdauersportarten, wie Schwimmen, Radfahren und Joggen, in einem richtigen Maß betrieben, stärken Herz und Kreislauf und versorgen alle Organe mit genügend Sauerstoff.

TIPP geistige Herausforderung

Im geistigen Bereich sollten Sie sich ebenfalls einen befriedigenden Ausgleich schaffen. Unser Gehirn ist ein vielschichtiges Organ und wird mit nur einer Tätigkeit schnell unterfordert.. Jeder sollte zu seiner Tätigkeit einen Ausgleich finden, der Freude und Spaß macht. Eine Person, die andauernd mit anderen Menschen konfrontiert ist, wird sich vielleicht gerne in eine sich selbst geschaffene Oase der Ruhe zurückziehen. Es ist auch notwendig über sein Leben nachzudenken, sich zu überlegen, was man vom Leben erwartet. Dabei kann man Prioritäten setzen, um Unwesentliches, in das wir eigentlich so viel Energie investieren, zu erkennen und künftig zu unterlassen.

TIPP Zeitmanagement

Managen Sie Ihren Stress mit einer guten Zeitplanung. Die Grundvoraussetzung dafür ist die genaue Formulierung Ihrer persönlichen Ziele, wobei Prioritäten gesetzt werden. Sie sollen Ihre Energie sinnvoll für das einsetzen, was Ihnen wichtig ist. Der gute Wille allein wird nicht ausreichen, ein Ziel zu erreichen. Es bedarf eines regelrechten Aktionsplanes - eines systematischen Zeitmanagements. Eine Bestandsaufnahme der Aufgaben, die täglich erledigt werden müssen, kann sogenannte "Zeitdiebe" fangen, das sind eigentlich unwesentliche Dinge, die aber viel Zeit kosten. Ein gutes Zeitmanagement wird Ihnen helfen, mehr Zeit für die wesentlichen Dinge im Berufs- und Privatleben zu finden. Trotzdem werden immer noch Stresssituationen auftreten. Kontinuierliche Phasen der Entspannung sorgen aber dafür, dass die verbrauchte Energie wieder gewonnen wird und Stress nicht zu Dauerstress ausartet. Die Gesundheit, unser wichtigstes Gut, lernen wir dann zu schätzen, wenn sie Gefahr läuft, abhanden zu kommen.

Einstimmung in den Tag Beginnen Sie den Tag mit einer Reflexion und verschaffen Sie sich einen Überblick über das, was Sie heute erreichen wollen.
Prioritäten setzen Arbeiten Sie nach Prioritäten, Aktivitäten mit höchster Priorität werden als erstes erledigt.
Blöcke bilden Gleichartige Tätigkeiten können zusammengefasst werden um Zeit zu sparen. Schwierige Aufgaben mit hoher geistiger Herausforderung können in kleinere Blöcke geteilt werden, um sie so leichter bewältigbar zu machen.
In Zielen denken Was wollen Sie erreichen? Was bringt Ihnen (ihren Kollegen, ihrem Unternehmen, ihrer Familie etc) die Tätigkeit?
Unterbrechungen managen Die meisten Angelegenheiten können warten. Lernen Sie „nein" zu sagen, und lassen Sie sich bei wichtigen Tätigkeiten nicht stören. Sollte etwas Wichtiges dazwischenkommen, können Sie es in Ihre Tätigkeitenliste mitaufnehmen.
Auf den Körper hören

Die Leistungsfähigkeit eines Menschen hat einen eigenen Rhythmus. Am Vormittag steht mehr Energie zur Verfügung als am Nachmittag. Wichtige geistige Tätigkeiten und Gespräche sollten daher auf den Vormittag gelegt werden.
Abwechslung verschaffen Gestalten Sie Ihren Alltag kommunikativer, indem Sie sich auch kommunikative Tätigkeiten und Pausen einplanen.
Zeitpölster einplanen Pufferzeiten zwischen den einzelnen Aufgaben oder Termine haben den Vorteil, dass die Tätigkeit auch länger andauern kann, ohne dass Sie unter Druck geraten. Ansonsten können Sie Ihre bisherige Tätigkeit reflektieren oder sich eine Pause gönnen.
Tagesrückblick Der Abend eignet sich sehr gut um kurz auf den Tag zurückzublicken. Was habe ich erreicht? Was ist gut und was ist weniger gut gelaufen? Wie kann ich das am nächsten Tag besser machen?

Entspannung?

2. NACH DEM STRESS FOLGT DIE ENTSPANNUNG

Der Wunsch nach innerer Ruhe und Zufriedenheit ist so alt wie die Menschheit selbst. Nur je höher der Standard einer Zivilisation und je größer der technische Fortschritt, desto geringer ist offenbar die Fähigkeit abzuschalten, sich zu entspannen. Kurzum mit sich und der Welt zufrieden zu sein. Die Folge: Unausgeglichenheit, Gereiztheit, Lebensängste, nervöse Störungen wie Unkonzentriertheit, Spannungskopfschmerzen, Magen- oder Kreislaufbeschwerden. Ein erhöhter körperlich- seelischer Spannungszustand also, der nicht nur eine ungesunde Lebensweise begünstigt, sondern auch zu Einschlaf- und Durchschlafschwierigkeiten führen kann und nicht selten die generelle Anfälligkeit für Krankheiten drastisch erhöht.

Der Ausgeglichene ist nicht Getriebener im Chaos des operativen Tagesgeschäftes. Er führt besonnen seine Aufgaben, ohne die wesentlichen Ziele aus den Augen zu verlieren. Er findet und nimmt sich die Zeit, die er benötigt, um seinem Körper die notwendigen Erholungspausen für die Erneuerung seiner Kräfte zu geben. Durch gezielte Entspannungsverfahren kann man innere Spannungen lösen und somit das Wohlbefinden fördern. Wir sollten also im Alltag unbedingt trachten zur Ruhe zu kommen, uns zu entspannen und abzuschalten. So erholen sich unsere Nerven, unser Körper und unsere Seele. Der Körper braucht in regelmäßigen Abständen Ruhe und Entspannung.

Balance?

2.1. Balance- die Wahrheit liegt in der Mitte

Im Normalfall findet in unserem Körper ein Wechselspiel zwischen Anspannung und Entspannung statt. Wenn wir aktiv sind und etwas erreichen wollen, spannen sich unsere Muskeln an. Haben wir unser Ziel erreicht, kehrt unser Körper zur Entspannung zurück. Das Leben ist ein steter Wechsel von Anspannung und Entspannung. Aktiv sein bedeutet Anspannung, um große Leistungen zu erbringen. Der ganze Organismus mobilisiert dafür große geistige und körperliche Kräfte. Danach verlangt der Körper Ruhepausen, wo er sich erholen, neue Kräfte sammeln und notwendige Reparaturen durchführen kann. Wenn Sie sich entspannen, merken Sie sofort eine Reaktion, anbei die meistgenannten Reaktionen im Überblick

Gelassenheit	73%
Verspannungen lockern sich	65%
Die Atmung wird tiefer und langsamer	54%
Mehr Geduld	46%
Die Dinge werden klarer	45%

Schlafstörungen lösen sich auf	37%
Ich werde zufriedener	25%
Meine Toleranz steigt	22%
Ich bekomme zusätzliche Energie	18%
Ich fühle mich ruhiger	10%

Abbildung 6: Wirkung der Entspannung

Unser Körper und unsere Seele sind untrennbar miteinander verbunden. Obwohl noch immer viele Ärzte eine deutliche Trennungslinie zwischen einer körperlichen und einer seelischen Erkrankung ziehen, bestätigt sich durch die Forschung die Tatsache immer mehr, dass Körper und Seele nicht als getrennte Einheiten gesehen werden können.

Prävention?

Mag. Ursula della Schiava-Winkler, 1080 Wien, Lerchenfelderstr.120, www.socialskills4you.com,
Email: udsw@socialskills4you.com

2.2. Richtig vorbeugen- fit für die Arbeit und zu Hause

Schluss mit der alltäglichen Überforderung! Der Wechsel zwischen Anspannung und Entspannung wird neu gelernt. Ihre Zukunft hat beides: Bremsen und Beschleunigen, Stress und Ruhe, hektische Nachtsitzungen und tagsüber faulenzen. Lernen Sie einen Tag intensiv arbeiten, genießen und lustvoll erleben. Häufig werden nachfolgende Tätigkeiten als entspannend angesehen

Musik hören	92%
Lesen	71%
Spazieren	65%
Fernsehen	61%
Essen	50%
Sport	50%
Einkaufen	35%
Meditation	25%
Wandern	24%
Kino, Konzert	22%
Autogenes Training	19%

Abbildung 7: Tätigkeiten zur Entspannung

Methoden?

2.3. Regelmäßig anwenden hilft- die besten Entspannungsmethoden im Überblick

Viele Menschen sind erst dann bereit, etwas für Körper, Geist und Seele zu tun, wenn sie mit ernsten gesundheitlichen Problemen konfrontiert werden. Dann beginnen sie, in sich hineinzuhorchen und auf die Bedürfnisse ihrer Psyche und ihres Körpers zu reagieren. Man aber muss nicht unbedingt warten, bis eine physische und psychische Erschöpfung eintritt, man kann auch schon vorher etwas dagegen tun. Eine Vielzahl von nützlichen Tipps hilft Ihnen, einem möglichen Dilemma vorzubeugen. Wir sprechen hier von Wellness, die Ihnen hilft, ein Gleichgewicht für Ihren Körper, Ihren Geist und Ihre Seele zu finden.

In den letzten Jahren zeichnet sich ein Trend ab, der zu mehr sportlicher Betätigung in der Freizeit führt. Nicht nur den Geist zu fördern, sondern ein Gleichgewicht zwischen geistiger und körperlicher Anstrengung herbeizuführen, ist das Ziel. Diese Balance herzustellen, bedarf nicht unbedingt Sport im herkömmlichen Sinn, sondern es sind einfache Bewegungen, die auch von eher unsportlichen Menschen ohne Bedenken hinsichtlich eines Verletzungsrisikos erlernt werden. Es dreht sich nicht alles um den sportlichen Ehrgeiz und das Leistungsdenken, sondern vor allem darum, den eigenen Körper bewusst zu spüren, ihn besser kennenzulernen und seine Signale richtig zu deuten. So wird Bewegung zur Wohltat für verspannte Körper.

Innerliche Ruhe und Ausgeglichenheit stellen sich im Laufe der Zeit automatisch ein. Deshalb ist es notwendig, dass wir Entspannungstechniken lernen, die uns dabei eine Hilfestellung sind. Nicht die Art ist entscheidend für den Erfolg, wichtig ist nur die regelmäßige Durchführung von Entspannungsprogrammen. 93% der hat bereits ein Entspannungsverfahren gelernt als wirkungsvolle Möglichkeiten bieten: Autogenes Training, Yoga, Meditation oder Progressive Muskelentspannung. Interessant ist, dass 60% der befragten eine der Methoden mindestens ein bis zwei Mal wöchentlich anwendet.

Autogenes Training	73%
Joggen	59%
Meditation	56%
5 Tibeter	40%
Progressive Muskelentspannung	38%
Yoga	36%

Qi Gong	34%
Tai Chi	30%
Atemübungen	5%

Abbildung 8: Häufigkeit der verwendeten Entspannungsmethoden.

Die Feldenkrais-Methode

ist eine sehr sanfte Bewegungsschule und eignet sich für Menschen jeden Alters. Mit langsamen ruhigen Bewegungsabläufen lernt man, sich gesund zu bewegen. Somit können Rückenschmerzen gelindert und Verspannungen im Körper gelöst werden.

Die Akupressur

ist eine alte chinesische Heilkunst, bei der spezielle Körperpunkte durch Fingerdruck stimuliert werden. Ähnlich der Akupunktur kann sie Schmerzen lindern und den Energiefluss aktivieren.

Autogenes Training

bedeutet aus dem Selbst (GRIECH.) AUTOS entstehendes (GRIECH) -gnos üben ein von außen kommende Suggestion (HETEROSUGGESTION) wird durch eine in sich selbst entstehende Suggestion verwirklicht. UMGEKEHRT – eine von innen kommende Reaktion bedarf, so gut wie immer eines von außen kennenden Anreizes. Das wesentliche ist die Gleichverteilung. Das Autogene Training nützt die Technik der Autosuggestion. Durch wiederholtes Vorstellen wie etwa Mein rechter Arm wird schwer oder mein Bauch wird warm, stellt sich diese Empfindung ein. Die Schwereübung setzt den natürlichen Entspannungsprozess in Gang und entspannt die Muskulatur. Die Wärmeübung verstärkt die Durchblutung. Sie spüren ein angenehmes warmes Gefühl im ganzen Körper. Die Herzübung überträgt die Ruhe auf die Organfunktionen, dadurch konzentrieren sie sich auf den Herzschlag und beeinflussen ihn. Durch die Atemübung fließt der Atem, das Herz schlägt ruhig und gleichmäßig, ohne dass sie etwas dazu beitragen müssen. Durch das bewusste Atmen während der Übung wird die allgemeine Atemqualität gesteigert. Die Sonnengeflechtsübung wirkt dort wo die wichtigen Nervenbahnen zusammenlaufen, spricht innere Organe an, die besonders empfindlich auf seelische Beeinträchtigung reagieren. Kopf und Stirnübungen bewirkten, dass wir einen kühlen Kopf bewahren, um ruhig und besonnen zu handeln. Autogenes Training können sie einer Gruppe lernen und dann am Arbeitsplatz ausüben. Wenn sie Angst, innere Unruhe, depressive Verstimmung, Stress oder psychosomatische Probleme haben, können sie unter Einübung von Autogenen Trainingsübungen gelassenes und ruhiges Agieren fördern. Es entwickelt sich eine Stärkung und Freisetzung der dem Organismus innewohnenden Selbstheilungskräfte mit Hilfe eines regelmäßigen Übungsprozesses. Die Grundidee dahinter ist, dass die besten

Lern- und Leistungstechniken müssen versagen, wenn der Mensch, der sie anwendet, nicht in sich ruht, nicht an seiner Persönlichkeit arbeitet. Die Kurse dauern meist 6 bis 7 Doppeleinheiten zu jeweils 1,5 Stunden. Einmal erlernt, wirkt die Methode: als Hilfe bei Stress Stärkung der Abwehrkräfte, als mentale Unterstützung, um Ihre persönlichen Ziele zu erreichen, oder einfach nur zum Entspannen oder zur besseren Durchblutung

Biofeedback

Hier wird durch Instrumente physiologische Vorgänge unter anderem Herzfrequenzen, Muskeltonus, Temperatur und Hirnströme aber auch Veränderungen des Blutdruckes als optisch, akustische Signale zum Zwecke der bewussten Steuerung dieser automatischen Abläufe und um ständig eine unmittelbare Körperreaktion beobachten zu können. Biofeedback wird benutzt um dem Übenden beizubringen ihre nicht vom Willen gesteuerten Körperprozesse zu kontrollieren.

Chi Gong

beruht auf dem nach chinesischer Weltsicht vorhandenen Gegensatzpaar Yin und Yang. Wobei Yang für den im Westen vorherrschenden rationalen Standpunkt steht und Yin die affektive und von Trieben geprägte Seite beschreibt. Tag und Nacht gliedern sich in verschiedene Phasen, die sowohl dem einen wie auch dem anderen Prinzip zugeordnet werden. Wenn nun beispielsweise eines der beiden Prinzipien besonders vorherrscht, tritt nach Meinung des Ostens ein Umschwung der

Kräfte ein. Qi, das mit dem Atem oder Energie übersetzt wird, und Gong, was Disziplin, Wirkung und verdienstvolle Handlung bedeutet. Zusammengesetzt steht das Wort für Körperübungen, die die Gesundheit erhalten oder wieder herstellen sollen. Nach dem östlichen Weltbild soll eine Vielzahl an verschiedenen Kreisläufen befinden, die vom Qi durchströmt werden.

Hypnose

Etwa 5 bis 10% aller Menschen scheinen fast völlig unzugänglich zu sein, weitere 10 bis 20 Prozent können in tiefe Hypnosezustände gelangen, und alle übrigen sind zwischen den beiden Extremen verteilt. Die hypnotische Anweisung besteht im Allgemeinen aus der Suggestion von Schläfrigkeit, Müdigkeit, Entspannung und der Aufforderung, nur auf die Stimme des Anleitenden zu hören. Man erreicht recht bald den Punkt, an dem man spüren beginnt, dass sich sein Bewusstseinszustand verändert hat. Dadurch können emotionale Prozesse verändert werden. In der Hypnose unterscheiden wir zwei Ebenen, die erste die physiologische Ebene, bei der auch messbare vegetative Veränderungen festgestellt werden, so verlangsamt sich die Hirnwellentätigkeit. Die Muskelspannung wird niedriger. Der Hautwiderstand erhöht sich. Die Herzfrequenz beruhigt sich. Auf der zweiten Ebene werden die Wahrnehmung, das Denken und das Handeln eingeengt. In diesem Zustand passiert nichts anderes als eine tiefe Entspannung bei konzentrierter Aufmerksamkeit.

Mentaltraining

Nur durch ständiges Training können mentale Fitness, Erinnerungsvermögen und Denkleistung erhalten werden. Das Gehirn regiert auf mentales Training genauso mit der Ausbildung neuer Strukturen wie die Muskulatur auf Fitnesstraining. Man kann sich durch ständige Simulation eine Art Vorrat anlegen, auf den man dann zurückgreifen kann. Unter dem Mikroskop ist diese Tatsache durch die Bildung von Zellfortsätzen nachgewiesen. Dieser Vorgang gilt als der einfachste Lernprozess. Durch diese neuen Vernetzungen wird das Langzeitgedächtnis gebildet. Wenn etwas gelernt wird, bilden die Nervenzellen neue Fortsätze und verbinden sicher dauerhaft mit Nachbarzellen. Mit der Zeit bilden sich auf diese Weise stabile Verbindungen. Vielleicht holen sie sich als Ausgleich und zur Erholung irgendwo ein ihnen gut bekanntes Sonnenplätzchen zum Wohlfühlen vor ihr geistiges Auge. Genießen sie es dort zu verweilen, sich zu recken und zu strecken und sich es gemütlich zu machen. Mit dieser kleinen Übung erleben sie, wie angenehm es ist aufzutanken. Nehmen sie sich hin und wieder Zeit, halten sie Inne.

Dazu zwei Beispiele wie Mentaltraining wirken.

Übung 1

Lesen sie sich die untenstehende Liste zweimal hintereinander durch. Dann schließen sie die Augen und versuchen, ein inneres Bild davon zu entwerfen. Achten sie auf die Farbe, auf ihrer

Gefühlsstimmung, auf Formen und auf Gerüche, die sie sich dabei vorstellen können.

Grüne Wiese mit Mohnblumen
Blühender Baum im Sonnenschein
Schmetterlinge
Vogelgezwitscher
Blauer Himmel mit Wolken, die sich verändern
Ein Bach, der plätschert und auf dessen Grund Sie sehen

Übung 2

Stellen Sie sich eine kleine Filmszene im Kopf vor:

Ein aufziehendes Gewitter aus der Ferne
Prasselnder Regen in einer Pfütze auf einem Weg
Hundegebelle aus der Ferne
Vorbeifahrt eines Autos
Das Knarren einer Tür und das vorsichtige ins Schlossfallen

Vogelgesang über einer Blumenwiese im Sommer
Ein Sonnenstrahl, der sie blendet

Mit solchen Bildern können sie ihre Entspannung intensivieren. Erinnerungen werden dabei aus ihrem Gehirn wachgerufen, aber auch neue Phantasien vermischen. Sie trainieren damit ihre visuellen Fähigkeiten, die ihnen helfen ihre Sinnesorgane zu intensivieren. Unser Gehirn ist in der Lage, bestimmte Funktionen durch dauerndes Wiederholen fast automatisch und unbewusst ablaufen zu lassen. Ein Gedanke ist ein Bild, das sich mein Gehirn macht. Unser Bewusstsein setzt sich aus Wahrnehmungen zusammen, die über ein Netzwerk in unser Gedächtnis einfließen. Durch immer wieder neue Erfahrungen kommt es zu einer ständigen Neukategorisierung, wobei Fragmente von alten Erfahrungen einbezogen werden können. Wir sprechen dann von einer Assoziation. Stellen wir uns beispielsweise einen schönen Urlaub vor, dann können wir uns mit geschlossenen Augen besonders angenehmer Erlebnisse aus der Vergangenheit erinnern oder auch mit Hilfe unsere Phantasie neue Kombinationsmöglichkeiten erdenken. Ein weiterer spannender Aspekt ist, dass Wahrnehmung und Aufmerksamkeit auch zu völlig unbewussten Speicherungsprozessen führen können und somit ebenfalls zu den Eigenschaften unseres Gesamtbewusstseins beitragen.

Mag. Ursula della Schiava-Winkler, 1080 Wien, Lerchenfelderstr.120, www.socialskills4you.com,
Email: udsw@socialskills4you.com

Auch das kennen wir aus dem Leben: Wir nehmen Dinge wahr und handeln und erst später wird uns bewusst, was da abgelaufen ist.

Imaginatives Verfahren

Die Welt der inneren Objekte bestimmt unsere Vorstellungswelt. Im Mittelpunkt stehen die Bilder, da jeder Mensch sich Gedanken macht und in Bildern denkt. Bei dem Wort Berg, denkt jeder automatische an einen Berg, jeder an einen anderen, entsprechend den Mustern von Bergen, die er in sich gespeichert hat. Jeder kann also innere Bilder wahrnehmen und es gelingt ganz automatisch und von Kindheit an. Diese Bilder der Seele erfahren imaginativen Prozess eine Veränderung, die zu einer Neuorientierung im Leben führen kann. Begeben sie sich in eine möglichst angenehme Körperposition zu finden, entspannen sie sich, lassen sie die Schultern locker, irgendwann schließen sie die Augen, und mit dem ausschalten des optischen Reizes, machen sie einen ersten Schritt nach innen, weg von der Außenwelt, besinnen sie sich auf sich selbst, versuchen sie sich zu entspannen und insgesamt eine innere Haltung zu finden, als ob im Moment nichts besonders wichtig ist, erlauben sie sich selbst sich wohl zu fühlen, entspannt zu sein, die Atmung von selber fließen zu lassen und auch die Gedanken fließen lassen, kommen und gehen.

Yoga

ist indessen eine alt bewährte Technik, um Geist und Körper in Einklang zu bringen. Durch verschiedene Bewegungsübungen kann man den Körper bewusst entspannen und findet dadurch eine Balance zwischen körperlicher Fitness und geistiger Entspannung. Im Mittelpunkt stehen Körperhaltungen. Die Bewegungen gehen harmonisch ineinander über. Der ganze Körper wird einbezogen, indem die Muskeln gestreckt, die Wirbelsäule geschmeidig gemacht und eine Wahrnehmung des Herz- und Atemrhythmus integriert wird. Nach Durchlaufen einer bestimmten Stellung, die eine Form der gymnastischen Körperhaltungen beinhaltet, folgt immer eine sogenannte Entspannungsübung. Dabei wird der Atem zunehmend vertieft und verfeinert. Dabei wird die physische Gesundheit gestärkt, die Aufmerksamkeit geschult, die Wahrnehmung sensibilisiert und eine größere innere Ruhe gefunden. Einfache Übungen können sie im Büro unterwegs oder zu Hause einfach zwischendurch als Ausgleich verwenden.

Jacobsen Training:

Bei dieser Methode werden systematisch bestimmte Muskelpartien zuerst angespannt, dann entspannt. Durch systematisches Anspannen und wieder Lockerlassen der willkürlichen Muskeln werden Muskelverspannungen gelockert. Durch das Spüren und Wahrnehmen der dabei fühlbaren angenehmen Körpergefühle kommt es auch zur seelischen Entspannung. Der Körper lernt Verspannungen zu lösen und es stellt sich Ruhe und Gelassenheit ein. Progressive Muskelrelaxion im Bereich der Nackenmuskulatur: Aufrecht sitzen, Hände locker neben dem Körper hängen lassen, tief durch die Nase einatmen, Schultern dabei so weit wie möglich zu den Ohren ziehen, Fäuste ballen, einige Sekunden Luft anhalten, stoßartig durch Mund ausatmen, Schultern dabei fallen lassen, Fäuste öffnen.

Meditation:

Die Meditation ist der Weg, um Geist und Psyche zu beruhigen zu lernen. In der Regel sitzen sie aufrecht so dass Kopf, Nacken und Wirbelsäule eine gerade Linie bilden. Je unterschiedlicher Meditationstechnik werden sie dann angewiesen in einem bestimmten Rhythmus zu atmen oder mit bestimmten Lauten (Mantras) zu meditieren, oder auch mit sehr komplexen Mustern (Mandalas), die das Bewusstsein oder die Realität symbolisieren. Wir unterscheiden grundsätzlich verschiedene Techniken einerseits die konzentrative oder restriktive Meditation und die öffnende oder erweiternde Meditation. Konzentrative Meditation ist eine meditative Technik, bei denen man die Aufmerksamkeit auf ein bestimmtes Ziel konzentriert und nicht umherwandeln lässt. Die öffnende Meditation ist eine meditative Technik, bei denen die gesamte Aufmerksamkeit auf das gerichtet wird, was spontan geschieht, ohne den Versuch zu machen, die Aufmerksamkeit zu kontrollieren oder zu konzentrieren.

Töne verändern:

Musik hat in diesem Fall einen therapeutischen Wert. Hören sie belebende Musik wenn sie in Stimmung kommen wollen, hören sie Geräusche der Natur wenn sie entspannen wollen. Z.B.: Heilkräfte natürlicher Geräusche z.B. von Singvögeln. Musik und töne haben also die Macht, das Innere des Menschen zu ordnen, aber auch Verwirrung zu stiften. Man hat sogar festgestellt, das entspannungswirksame Schwingungen, zum Beispiel ein wellenrauschenähnliches Geräusch in Hintergrund, die Arbeitsleistung bei monotoner Arbeit fördern kann. Aus dieser Erfahrung heraus wird heute in vielen musiktherapeutischen Gruppen versucht, dem unter Stress stehenden Menschen dadurch zu helfen, dass er über den Wahrnehmungskanal Musik zu sich kommt und eine positive Selbstwahrnehmung trainiert.

Shiatsu:

Körperarbeit auf japanisch mit Daumen- und Fingerdruck eine unmittelbare Wirkung auf den Kreislauf und das Nervensystem ausgeübt. Shiatsu optimiert positiv den Energiefluss.

Tai Chi

Sind Übungen die Seele, Geist und Körper in Einklang bringen und insgesamt für geistige und körperliche Harmonie sorgen. Tai Chi wird oft auch als Schattenboxen bezeichnet. Es bringt Körper und Seele ins Gleichgewicht und beugt Stress und Krankheiten vor, baut Stress und Verspannungen ab, stärkt die inneren Organe, erhöht die psychische Leistungsfähigkeit. Bei

Tai-Chi-Übungen wird die Bauchatmung angewendet und dabei das Herz massiert. Die Lungen werden besser durchblutet und die übrigen Organe gekräftigt. Durch den fließenden Bewegungsablauf werden die Muskeln gestärkt, die Gelenke bleiben geschmeidig.

Mag. Ursula della Schiava-Winkler, 1080 Wien, Lerchenfelderstr.120, www.socialskills4you.com, Email: udsw@socialskills4you.com

3. HÖCHSTPERSÖNLICHE ZEITÖKONOMIE

Erstellen Sie eine Liste der äußeren Anforderungen: Etwa in der Art. Meine Arbeit fordert mich 14 Stunden am Tag, ich bin berufstätig, allein erziehend, ich erledige einen Großteil der Hausarbeit, mein Partner/Familie/Freunde erwarten, dass ich erfolgreich bin im Job, ich muss ständig alle Entscheidungen alleine treffen,, wohin im Urlaub, was gibt´s zum Essen, was fehlt im Haushalt ...

Erstellen Sie danach eine Liste mit inneren Gründen etwa ich möchte erfolgreich sein, aber auch Zeit für mich haben, ich möchte gerne mehr Sport betreiben, mich mit Freunden treffen und mich wohlfühlen.

Struktur?

3.1. Zeit sparen beginnt dort, wo man nicht nur Termine einträgt, sondern seinen Tag durchplant

Tagesplanung bedeutet für die meisten Zeitplanbuchbenutzer, dass sie die 3 oder 4 Termine eintragen, die an diesem Tag eben dran sind.

Zeit sparen jedoch beginnt dort, wo man nicht nur Termine einträgt, sondern seinen Tag durchplant, also: 8.00 - 8.30 Uhr: Betriebsrundgang; 8.30 - 9.00 Uhr: Projekt A; 9.00 - 10.00 Uhr usw.

Dadurch, dass man den Tag sauber durchstrukturiert, ist gewährleistet, dass man sich auch wirklich um die wichtigen Dinge kümmert und nicht nur um das, was eben gerade so auf einen zukommt.

Der zeitliche Aufwand beträgt 5 - 8 Minuten, das ist eine gut investierte Zeit.

Planen Sie jeden Tag Pausen ganz bewusst mit ein! – Natürlich können Sie nicht immer zu einer bestimmten Uhrzeit Ihre Arbeit liegen lassen. Daher gilt: Schaffen Sie sich so genannte „Ruheinseln" zwischendurch. Beispiel: Der PC funktioniert nicht, Sie warten auf einen wichtigen Rückruf oder die Besprechung verspätet sich um 15 Minuten? Prima! Nutzen Sie die Zeit zur kurzen, bewussten Entspannung und holen Sie sich gleich eine Tasse Kaffee oder Tee, oder gehen Sie ein paar Schritte.

Stoppen Sie sofort, sobald Sie die ersten Anzeichen eines Tiefs spüren! – Machen Sie sich folgendes zur Regel: Sobald Sie die ersten Anzeichen eines Tiefs merken, treffen Sie bewusst die Entscheidung „Jetzt mache ich eine Pause". Denn so lassen Sie es gar nicht erst zu einem Leistungsabfall kommen, beugen einem Burnout vor und tanken rechtzeitig neue Energien.

Wenn Sie gerade keine Pause machen können, erledigen Sie Routinearbeiten! – Droht ein Tief und Sie können jetzt nicht pausieren, dann widmen Sie sich am besten weniger wichtigen oder Routinearbeiten, und verbinden diese mit angenehmen Dingen. Beispiele: Hören Sie Ihre Lieblingsmusik, während Sie die Ablage sortieren oder machen Sie einen Spaziergang durchs Haus und geben Sie die Hauspost persönlich ab...

Jetlag?

3.2. Die innere Uhr ist verstellt oder Stress durch Jetlag!

Langstreckenflüge haben es in sich. Die Zeitverschiebung wirkt intensiv auf unser körperliches Empfinden - körperliche, geistige und auch seelische Beeinträchtigung ist die Folge.

Was ist also Jetlag?

Mit dem Begriff Jetlag verknüpfen wir ein Phänomen, dass durch die Zeitverschiebung unsere innere Uhr verstellt ist . Seit einigen Jahren wird dieses Phänomen von der Wissenschaft erforscht. So ist erwiesen, dass der Körper Langstreckenflüge von Ost nach West (z.B. ein Flug von München nach New York) besser toleriert als solche von West nach Ost (z.B. München - Hongkong).

Glaubt man Statistiken gilt als Regel, dass man pro zwei Stunden Zeitverschiebung etwa einen Tag Umstellung beziehungsweise Umgewöhnung und Anpassung braucht, so dass unsere innere Uhr wieder richtig tickt. Außerdem ist nachgewiesen, dass der Organismus auf Einwirkungen zu verschiedenen Tageszeiten völlig unterschiedlich reagiert. Es ist daher nicht egal, wann man fliegt.

Die Master Clock oder die innere Uhr des Menschen ...

Jedes Lebewesen reagiert instinktiv auf den regelmäßigen Wechsel von Tag und Nacht. Dieser Biorhythmus umfasst einen 24 Stunden Takt, der unseren Körper auf natürliche Weise regelt. Dieser Takt beträgt nicht zufällig 24 Stunden, es ist die

Zeit die die Erde um die Sonne kreist. Unsere biologische Uhr gibt also den Wach- Schlafrhythmus an.

Die innere Uhr funktioniert unabhängig von äußeren Reizen. Sie hat ihren Sitz im Hypothalamus - angesiedelt in einem Teil des Zwischenhirns, dort wo die wichtigsten Regulationsvorgänge des Organismus sitzen. Wärmeregulation, Wach- und Schlafrhythmus, Blutdruck- und Atmungsregulation, Nahrungsaufnahme, Fettstoffwechsel, Wasserhaushalt, Sexualfunktionen- und Schweißsekretion werden hier koordiniert.

Wer mehrere Zeitzonen überfliegt, wird bemerken wie mühsam sich die innere Uhr umstellt. Denn unser Rhythmus ist eng verbunden mit der Formatio reticularis, unserem denkenden Teil des Hirnstamms. Von diesem Teil des Hirns geschickte Botschaften, die über die Wirbelsäule und dem Nervensystem auf den gesamten Körper einwirken, halten uns wach. Werden diese Signale nun eingestellt, wird der Körper müde.

Im Prinzip können wir davon ausgehen, dass unsere innere Uhr lebenserhaltende Funktion hat. Unser Körper hat also gelernt - und dies jeder in unterschiedlicher Intensität und Ausprägung - in sich verändernden Lebenssituationen eine gewisse Sensibilität zu zeigen. Grundsätzlich ist diese Anzeigeform des Körpers also positiv zu bewährten. Umso schlimmer ist es für uns diese Angst mitzuerleben und zu spüren.

Fragen wir uns daher, was können wir also in Jetlag Situationen tun?

Für Vermeidung von Jetlag gibt es unterschiedliche Möglichkeiten: Erstens können Sie sich in den Tagen vor der Abreise in kleinen Schritten an die Ortszeit Ihres Reisezieles anzunähern, indem sie zum Beispiel täglich eine Stunde länger wach bleiben und so den Schlafrhythmus kurzfristig umstellen. Eine weitere Möglichkeit ist unabhängig davon wann Sie ankommen, zu versuchen sich an den Schlafrhythmus des Reiselandes anzulehnen. Versuchen Sie das Einschlafen so lange wie möglich hinauszuzögern, um so die Anpassung Ihres Biorhythmus an die Ortszeit zu ermöglichen. Und eine dritte Möglichkeit ist sich möglichst lange im Freien aufzuhalten, um dem Körper die Helligkeit zu geben, die zur Anpassung der inneren Uhr von Nöten ist. Eine vierte Variante sollten sie beim Rückflug wählen. Hier haben Sie den umgekehrten Effekt, wenn Sie also von Westen nach Osten zurückfliegen ist die Nacht sehr kurz, hier können Sie sich speziell mit Autogenem Training, Jacobsen Training oder Joga ausreichend entspannen, um am nächsten Tag wieder fit für den Alltag zu sein.

Neuanfang?

4. WIE MAN LERNT, SICH WENIGER AUFZUHALSEN

DIE WILDE AFFENSTORIE

Ihre berufliche beruflichen Aufgaben, Ihre familiären Pflichten und Ihre Sorgen sind eine Horde hungriger Klammeraffen, die an Ihnen hängen. Nun stellen Sie sich vor, dass sämtliche Menschen in Ihrem Umfeld über solche Affen verfügen. Und egal, auf wem diese Schwerenöter gerade sitzen, sie sind vor allem eines: hungrig. Manche mehr, manche weniger. Und die Devise lautet: Gib dem Affen Zucker, sonst werden sie ganz schön unangenehm.

LASS DIE AFFEN TANZEN: Es kommt oft vor, dass jemand auf uns zukommt und von seinem Problem erzählt. Manchmal auch mit der Bitte um Rat. Wir sind meist hilfsbereit und reagieren sofort. Weil wir vielleicht glauben, eine blendende Lösung parat zu haben, oder weil wir denken, es spart Zeit, wenn wir das gleich selber für den anderen in die Hand nehmen. Das Blöde daran: Der fremde Affe springt in so einem Fall auf unsere Schulter, und jetzt liegt es an uns, ihn auch zu füttern. Und das tun wir auch. Meistens noch, bevor wir uns um die eigenen Affen gekümmert haben.

UND DER ALLTAGSAFFE? Eine Mutter ist begeistert, weil ihr Sohn am Tennisplatz als besonderes Talent auffällt. Er soll deswegen dreimal die Woche trainieren, damit was aus ihm wird. Der anfängliche Mutterstolz weicht allerdings schnell der

Panik, dass sie dadurch aber auch drei zusätzliche Termine pro Woche in ihr Pflichtprogramm einbauen muss.

WIE BEKÄMPFEN SIE DEN AFFEN ? Eigentlich sollten sie aber erkennen, dass der Affe gerade dabei ist, sich an ihr Bein zu klammern, Dort gehört er aber nicht hin. Sondern in den Autobus oder an das Fahrrad um drei Mal die Woche zum Sportplatz zu gelangen.

EN JOB Besonders beliebt ist der berufliche Affentanz, schließlich kümmern Sie sich nur mehr ums Füttern der Affen, und das eigentliche Ihr eigenes Affentierchen bleibt auf der Strecke. Weil Sie kein Futter, also keine Zeit mehr für ihn übrig haben.

ERKENNTNIS Lassen Sie sich keinen fremden Affen umhängen, dann werden Sie wieder Zeit für sich selbst haben. V3ersuchen Sie also ein Gleichgewicht zwischen den äußeren Anforderungen und den inneren Vorstellungen herzustellen.

Strategien -
Mitarbeiter?

5. DIE BESTEN STRATEGIEN FÜR DEN GESTRESSTEN MITARBEITER

Einfache Übungsfolgen wie Sitzübungen, mentale Übungen und andere Verfahren am Arbeitsplatz oder zu Hause bewirken, dass sie sich rasch wieder entspannen können. Sie sammeln neue Energie und einen klaren Kopf für die nächsten Aufgaben. Mit Stehübungen können sie sich nicht nur entspannen, sondern auch Ihren Energiekreislauf wieder anregen. Dehnungsübungen für den Schulter- und Rückenbereich lockern ihre Muskeln nach einer Computersession wieder richtig auf. Konsequent eingesetzt, verbannen sie mit Entspannungsübungen nachhaltig Verspannungen aus ihrem Körper.

Tipps?

5.1. Tipps von A-Z

Auf den nächsten Tag einstellen

Vermeiden Sie Hals über Kopf in den Tag hineinzugehen, auch mentale zeitliche Vorbereitung mindert die Belastung und erhöht Ihre Stresstoleranz. Die gedankliche Vorbereitung hilft Ihnen sich auf die Situationen vorzubereiten und sich einzustellen.

Bleiben Sie aufrecht

Diese Körperhaltung wirkt Wunder. Atmen Sie tief ein. Sie werden spüren, wie sich Ihr Rücken in eine angenehme, aufrechte Position begibt. Achten Sie stets auf die richtige Haltung, egal ob im Sitzen, Stehen oder Gehen. Sie werden schnell merken, wie die gerade Körperhaltung Ihr Selbstbewusstsein stärkt. Wenn Sie lange sitzen, versuchen Sie alle 20 Minuten Ihre Sitzposition zu verändern.

Check

Die wahre Glücksquelle liegt in einem selbst und ist nur sehr beschränkt von äußeren Faktoren und Umständen abhängig. Die meisten Menschen sabotieren ihr persönliches Glück mit falschen Erwartungen. Sie glauben, dass sie glücklicher wären, wenn sie das Aussehen eines Models, den aufregenden Job ihres Nachbarn oder das Vermögen ihres Vorgesetzten hätten. Hier hilft nur der Reality-Check: Untersuchungen zeigen, dass besonders schöne oder besonders erfolgreiche Menschen nicht glücklicher sind als die „Normalsterblichen". Deshalb: Machen Sie sich nicht unglücklich und hören Sie auf zu vergleichen.

Denkpausen installieren

Machen Sie regelmäßig jede Stunde Pause, Fünf Minuten wirken bereits regenerierend auf Körper und Psyche. Nützen Sie die Pausen zur Selbstreflexion und fördern Sie dadurch Ihre Produktivität.

Eigenlob stimmt

Wer sich permanent nur kritisiert und nur die negativen Seiten an sich sieht, bekommt nicht nur ein verzerrtes, falsches Bild von sich selbst, sondern beraubt sich auch eines gesunden Egos. Schaffen Sie daher Abhilfe und machen Sie sich bewusst, auf was Sie berechtigt stolz sein können. Schreiben Sie alles auf, was Sie besonders an sich mögen, worin Sie gut sind und was Sie besonders gut können. Notieren Sie die kleinen und großen Triumphe des Tages. Das können auch ganz banale Sachen sein. Es soll Ihre ganz persönliche Erfolgsliste werden.

Führen Sie ein Stresstagebuch

Manche Tage verursachen mehr Stress als andere, manche Stresssituationen rufen eher körperliche und emotionale Symptome hervor als andere. Bestimmte Stressereignisse lösen häufig vorhersagbare Symptome aus. Führen Sie deshalb ein Tagebuch, in das Sie folgendes notieren: Die Zeit, zu der ein Stressauslöser aufgetreten ist, und die Zeit, zu der Sie ein körperliches oder seelisches Symptom gespürt haben, das mit dem Stress in Verbindung gebracht werden könnte. Sie werden bald bemerken, welche Stresssituationen bei Ihnen zu welchen Symptomen führen können: Etwa Stau im Straßenverkehr zu Ärger und Kopfschmerz, Streit mit dem/der Partner/in zu Magenkrampf, etc. Auf diese Weise werden Ihnen Ihre Reaktionen auf bestimme Stressereignisse bewusst, Sie können sich sozusagen „vorbereiten" und ganz gezielt nach Möglichkeiten suchen, sich in der jeweiligen Stresssituation zu entspannen.

Gedankliche Auszeit

Versuchen Sie in Zeiten intensiver Arbeitsbelastung zwischendurch auch gedanklich einmal kurz abzuschalten und zu entspannen. Rezitieren Sie zum Beispiel Song, vertiefen Sie sich in die Betrachtung von einem Eventbild oder Bilder von Veranstaltungen, die Sie kürzlich gemeinsam mit Kollegen besucht haben oder denken Sie an sonstige angenehme Dinge wie etwa an den letzten erfolgreichen Geschäftserfolg.

Highspeed - Downspeeding

Entschleunigen Sie das Leben und nehmen Sie Druck heraus. Es sind kleine Techniken, die beim Entstressen helfen. Planen Sie zum Beispiel jeden Tag angemessene Ich – Zeiten ein. Ob zehn Minuten oder eine Dreiviertelstunde: Nichtstun schärft die Sinne. Wenn das Hirn nicht auf Effizienz und Zwangs-Output geschaltet wird, profitieren davon Aufmerksamkeit, Genussfähigkeit und Kreativität. So wird bewusste Langeweile zur Power-Pause, weil die Sinne plötzlich wieder funktionieren und der Kopf wie von selbst Ideen produziert.

Intuition

Vertrauen Sie Ihrer Intuition und verfügen damit einer Gabe schnelle Einsicht in komplexe Situationen zu gewinnen und mit schnellen Entscheidungen zu punkten. Sie nehmen zukünftiger Entwicklungen mit all ihren Optionen wahr und ermöglichen so Kreativität und das Auffinden von Potentialen.

Körpereigene Energien aktivieren

Machen Sie sich Ihren Stress bewusst und beobachten Sie Ihre Atmung. In Stresssituationen neigen wir häufig dazu, sehr oberflächlich zu atmen. Stellen Sie sich Ihre Wirbelsäule als Aufzug vor, der beim Ausatmen mit Ton hochfährt, beim Einatmen oben verweilt und beim nächsten Ausatmen schließlich wieder abwärts gleitet.

Luftpausen, Fenster auf und durchatmen

Frischluftpausen zwischendurch sind sehr wichtig, um den Kopf wieder klar zu bekommen und geistig wach zu bleiben. Unser Gehirn braucht regelmäßig frischen Sauerstoff, um funktionstüchtig zu bleiben. Sauerstoffmangel führt leicht zu Kopf- und Gliederschmerzen, Ermüdungserscheinungen und Konzentrationsschwäche.

Muskelspiel für mehr Gelassenheit

Machen Sie eine Faust und drücken Sie diese wie wenn Sie einen Schwamm ausdrücken, fest zusammen. 15 Sekunden halten und dann die Hand 15 Sekunden locker lassen. Wenn Sie mit der rechten Faust begonnen haben, wechseln Sie zur linken Faust und machen Sie dasselbe. Der Wechsel von An- und Entspannung lockert Sie auf.

Nehmen Sie sich Zeit zum Trinken

Zum Beispiel Ingwer als Tee genossen, wärmt und regt den Stoffwechsel an. Regelmäßiger Teegenuss regt die Blutzirkulation an, schärft die geistige Wachheit und unterstützt die Widerstandskraft des Körpers. Der grüne Tee löscht nicht nur den Durst, sondern heitert auch bei Niedergeschlagenheit das Gemüt auf und erzeugt ein Gefühl des Wohlbefindens. Neueste Untersuchungen in Japan zeigen, dass Menschen, die regelmäßig grünen Tee trinken, seltener an Krebs erkranken als andere - vor allem an Haut- und Magenkrebs. Johanneskrauttee wirkt beruhigend und spendet Kraft. Der japanische grüne Tee wirkt anregend und immunstärkend. Vor allem der hohe Gehalt an Vitamin C wirkt Erkältungen und Stress entgegen. Auch die Gerbstoffe sind wichtige Bestandteile des grünen Tees, denn sie schalten schädliche Bakterien aus und beugen Entzündungen der Verdauungsorgane vor. Trinken Sie mindestens zwei Liter pro Tag.

Ordnung – eine übersichtliche, praktische Organisation Ihrer Unterlagen

Ballast abwerfen und die konsequent die Papierablage organisieren, dienen zur Entlastung, weil Sie sich einerseits Zeit ersparen, andererseits auch eine gute Übersicht bewahren können.

Privatleben gefragt

Grenzen Sie Ihren Arbeits- und Privatbereich eindeutig ab. Berufliche Belange sollten nach Arbeitsschluss im Familien- und Freundeskreis nur ausnahmsweise angesprochen werden. Stehen sie zu Ihrem Intimbereich und räumen Sie Ihrer Familie, Ihren Freunden und Ihren Hobbies ausreichend Platz ein.

Raus

Bei Extremstress hilft nur Flucht. Gehen Sie raus ins Freie und sehen Sie in den Himmel, egal welches Wetter ist.

Szenarien

Durch hypothetisches Aneinanderreihen von Ereignissen und Ereignisfolgen gelingt es Ihnen Möglichkeiten und unterschiedliche Sichtweisen von Situationen zu kreieren und inszenieren.

Team versus Allein

Arbeiten Sie schon seit längerer Zeit hochkonzentriert alleine an einem Projekt, dann unterbrechen Sie doch einfach einmal Ihre Tätigkeit und schmeißen Sie sich für eine kurze Plauderpause ins Team. So schöpfen Sie leicht neue Energien und Anregungen bevor es mit der Arbeit wieder weiter geht.

Unangenehme Tätigkeiten sofort erledigen

Führen Sie wichtige und unangenehme, teils somit lästige Tätigkeiten, wenn möglich sofort morgens aus. Schieben Sie die Erledigung solcher Angelegenheiten nicht unnötig hinaus. Wenn Sie mit einer unangenehmen Aufgabe erst einmal angefangen haben, kann es sein, dass Sie sie gar nicht als so schlimm empfinden, wie Sie ursprünglich gedacht hatten. Die Erfahrung, die lästige Angelegenheit erledigt zu haben, ist bereits eine große Belohnung.

Vielleicht auch mal die Beine in die Höhe

Lagern Sie ihre Füße kurz mal hoch, vielleicht auf einen anderen Sessel, der visavis vom Schreibtisch platziert ist oder auch kurz mal auf dem Schreibtisch. Bei beginnender Anspannung ist es von Vorteil, wenn Sie sich bewegen. Ein Stück zu laufen, kann Wunder bewirken.

Wechseln Sie die Aktivität

Wenn Ihr Schwergewicht auf körperlicher Betätigung liegt, lösen Sie hochkomplexe geistige Aufgaben, um sich Ausgleich zu verschaffen.

X wie Ausreichend LUX

Zum Lesen braucht das Auge viel Licht, mindestens 300 Lux. Achten Sie in der Herbst- und Winterzeit in Ihrem Büro deshalb auf ausreichend Kunstlicht, um der vorzeitigen Ermüdung Ihrer Augen vorzubeugen.

Zeit einplanen für Unterbrechungen und für unvorhersehbare Ereignisse

Wenn Sie Ihre Zeit zu eng planen, dann ist die Wahrscheinlichkeit sehr groß, dass Ihr Zeitplan durch unvorhersehbare Dinge umgeworfen wird und Sie in Hektik und Zeitnot geraten. Deshalb lieber von vornherein etwas mehr Luft einplanen! Das spart Nerven und letztlich auch Zeit.

Identifizieren Sie Ihre Zeitfallen und treffen Sie geeignete Gegenmaßnahmen. Überprüfen Sie in einem ersten Schritt welche Frage(n) am ehesten auf Sie zutreffen und lesen Sie sich die Gegenmaßnahme durch, oder überlegen Sie eigene Gegenmaßnahmen

Zeitfalle	Gegenmaßnahme / Tipp
Meine Termine kollidieren häufig!	Überarbeiten Sie Ihre Zeitplanung, bauen Sie Zeitpuffer ein, für unvorhergesehene Ereignisse. Lernen Sie „nein" sagen.
Ich schiebe gerne unangenehme Tätigkeiten / Aufgaben / Termine auf!	Sie können Unangenehmes sehr schnell loswerden, indem sie es sofort erledigen!
Ich habe das Gefühl, vor mich hin zu wursteln.	Beginnen Sie Ziele und Prioritäten festzulegen und

	sich eine Zeitplanung auszuarbeiten.
Auf meinem Schreibtisch herrscht das Chaos.	Alles was nicht zur aktuellen Aufgabe / Tätigkeit gehört, können Sie beiseite räumen. Gewöhnen Sie sich an, am Abend Ihren Schreibtisch aufzuräumen.
Ich muss mich um alles selbst kümmern.	Delegieren Sie einfache Aufgaben / Tätigkeiten. Lernen Sie anderen Menschen zu vertrauen.
Ich arbeite sehr genau / präzise.	Manchmal können auch Ergebnisse ausreichen, die nicht 100 prozentig sind. Außerdem müssen nicht alle Ergebnisse nochmals überprüft werden.
Ich brauche zu viele Informationen	Auch mit weniger Informationen sind gute Entscheidungen treffen. Lernen Sie kontinuierlich immer ein bisschen weniger Informationen einzuholen.

Entscheidungen fallen mir schwer.	Legen Sie sich eine Liste mit Pro und Contras an, das sollte ihre Entscheidungen erleichtern.
Ich übernehme zu viele Aufgaben spontan / neben meiner Hauptaufgabe.	Lernen Sie nein zu sagen und nehmen Sie keine zusätzlichen Aufgaben an, ohne vorher kurz darüber nachgedacht zuhaben.

Strategien –
Arbeitgeber?

6. DIE BESTEN STRATEGIEN GEGEN DEN STRESS FÜR DEN ARBEITGEBER

Stress ist nicht nur zu einer Zivilisationskrankheit des Menschen sondern hat unmittelbare Auswirkungen auf die Gesundheit und Leistungsfähigkeit. Wer Probleme mit der Arbeit, mit Kollegen oder dem Chef hat, läuft Gefahr krank zu werden, Fehlzeiten am Arbeitsplatz sind die Folge. Stress am Arbeitsplatz und damit (mit)verursache psychosomatische Erkrankungen tragen einen nicht unbedeutenden Anteil. Unternehmen, die ihre krankmachenden Stressoren am Arbeitsplatz und für ihre Mitarbeiter erhebend, tragen direkt und indirekt zur Unternehmensproduktivität bei. Bei einer erst kürzlich durchgeführten Befragung über Stress am Arbeitsplatz geben 49% der Befragten an in den letzten 6 Monaten stark oder sehr stark unter Stress am Arbeitsplatz gelitten zu haben. Den Arbeitgeber aufhorchen lassen sollten die 24% der Befragten, die den Eindruck hatten, dass ihre Arbeitsqualität durch Arbeitsstress oft oder sehr oft beeinträchtigt war. Erschreckende 59% gaben zudem an, dass unter Stress leidende Mitarbeiter hierfür keine Anlaufstelle im Betrieb hätten.

Stress am Arbeitsplatz führt aber nicht nur zu Befindlichkeitsstörungen sondern führen zu vielfältigen körperlichen Beschwerden von Kopf bis Fuß - Kopfweh, Schwindel, Kloss im Hals, Atemnot, Thoraxschmerzen, Herzklopfen, Übelkeit, Beinschwäche, Schwitzen.

Analyse?

6.1. Was kann der Arbeitgeber tun?

Das wichtigste was der Arbeitgeber tun kann, ist die Stressoren und die Ursache der stressverursachenden Situationen herauszufinden

Das Modell von Karasek und Theorell besagt, dass ein Missverhältnis von erhöhten Arbeitsanforderungen und vermindertem Entscheidungsspielraum bei der Arbeit gepaart mit einem Mangel an sozialer Unterstützung durch Mitarbeiter und Vorgesetzte Komponenten einer stressvoll empfundenen Arbeitswelt sind. Arbeitnehmer, die ständig Überstunden leisten und gleichzeitig viel Verantwortung und oft zu wenig Qualifikation gepaart mit Zuwenig an Handlungs- und Gestaltungsspielraum. Häufig sind auch Konflikte mit Vorgesetzten, denen nicht genügend Augenmerk geschenkt wird, im Raum.

Das Modell von Siegrist besagt, dass ein Missverhältnis zwischen dem am Arbeitsplatz subjektiv Geleisteten und der dafür erhaltenen «Belohnung» (Lohn, Anerkennung, Karriere- und Weiterbildungsmöglichkeiten) ungünstig ist. Dies gilt umso mehr, wenn der Arbeitgeber eine übersteigerte Verausgabungsbereitschaft mitbringt («nicht abschalten können»), sei es aufgrund seiner Persönlichkeitsstruktur, Erziehung oder aus Angst, eine volle Leistung bringen zu müssen, um den Arbeitsplatz nicht zu verlieren.

Die am häufigsten genannten Stressoren am Arbeitsplatz sind:

Zeitdruck	90%
Schlechte Zusammenarbeit	80%
Vorgesetzter	75%
Genehmigungs- und Entscheidungswege	70%
Sprachkenntnis	70%
Mangelnde Weiterbildung	65%
Dienstreisen	55%

Wichtig ist daher die 5 Bereiche Arbeitsanforderung, Entscheidungsspielraum, das soziale Netzwerk der Mitarbeiter und Kollegen, die Mitarbeiterzufriedenheit hinsichtlich Vorgesetzten und Belohnungsfaktoren und die Einsatz- und Veränderungsbereitschaft laufend abzufragen.

Fragen hinsichtlich der Zufriedenheit könnten sein:

Wie empfinden Sie Ihre Arbeit?
Inwieweit können Sie über Ihre Arbeit selber bestimmen?

Was denken Sie, was Sie für Ihren Einsatz am Arbeitsplatz zurückerhalten?
Wie ist das Klima im Team, unter den Mitarbeitern?
Wie würden Sie Ihren Vorgesetzten beschreiben?
Wenn ich Ihre Ehefrau fragen würde, wie sehr Sie sich für Ihre Arbeit einsetzen, was würde sie mir
berichten?
Welche Veränderungs- und Weiterbildungsmöglichkeiten gibt es für Sie bzw. im Unternehmen?

Fragen hinsichtlich der Veränderung bei Unzufriedenheit wichtig sein könnten

Können Sie Ihre Arbeitsanforderungen durch Einhalten Ihrer Arbeitszeit vermindern?
Können Sie zusätzlich Pausen einlegen?
Können Sie hinsichtlich Ihres Zeitmanagements und Ihrer Terminplanung etwas verändern
Können Sie Ihren Handlungsspielraum durch Übergabe von

Teilverantwortung oder durch Weiterbildung vergrößern?
Gibt es Arbeitsabläufe, die zu überdenken sind, Synergien zu nutzen, Doppelgleisigkeiten, die zu vermeiden sind?
Gibt es die Möglichkeit mehr Mitspracherecht und Entscheidungsfreiraum zu bekommen?
Brauchen Sie bessere soziale Unterstützung durch Mitarbeitergespräche
Was könnte/sollte sich am Arbeitsklima verändern?
Welche Konflikte sind zu lösen?
Welche Kränkungen, Emotionen sind zu spüren oder anzusprechen?
Welche Möglichkeiten dazu sehen Sie im Team?
Welche Weiterbildungsmaßnahmen, Weiterentwicklungsmöglichkeiten könnten Ihre Stressresistenz verbessern?

Klima?

6.2. Betriebsklima/ Produktivität

Ein schlechtes Betriebsklima ist schuld an rückläufigen Produktivität, schlechter Qualität, hohem Ausschuss und überdurchschnittlichen Fehlzeiten.

Ein Vorgesetzter kann das Betriebsklima positiv beeinflussen, indem er Vertrauen in seine Mitarbeiter hat. Seine Mitarbeiter gut informiert und in seine Überlegungen mit einbezieht. Verständnis für ihre Lage zeigt.

Indem er gerecht ist. In dem er jedem das Gefühl gibt, gleich wichtig zu sein. In dem er für seine Entscheidungen auch die Verantwortung übernimmt und eigene Fehler auch eingestehen vermag. Indem er sachlich Kritik übt und nicht nachtragend ist.

Indem er hilfsbereit ist und indem er sein Wissen und Können für seine Mitarbeiter einsetzt.

Indem er jeden Mitarbeiter entsprechend seinen Fähigkeiten fördert und ihnen ein Vorbild ist.

Eine negative Arbeitsatmosphäre hat viel mit Demotivation zu tun und hat für viele Mitarbeiter mit einer inneren Kündigung zu tun.

Mag. Ursula della Schiava-Winkler, 1080 Wien, Lerchenfelderstr.120, www.socialskills4you.com,
Email: udsw@socialskills4you.com

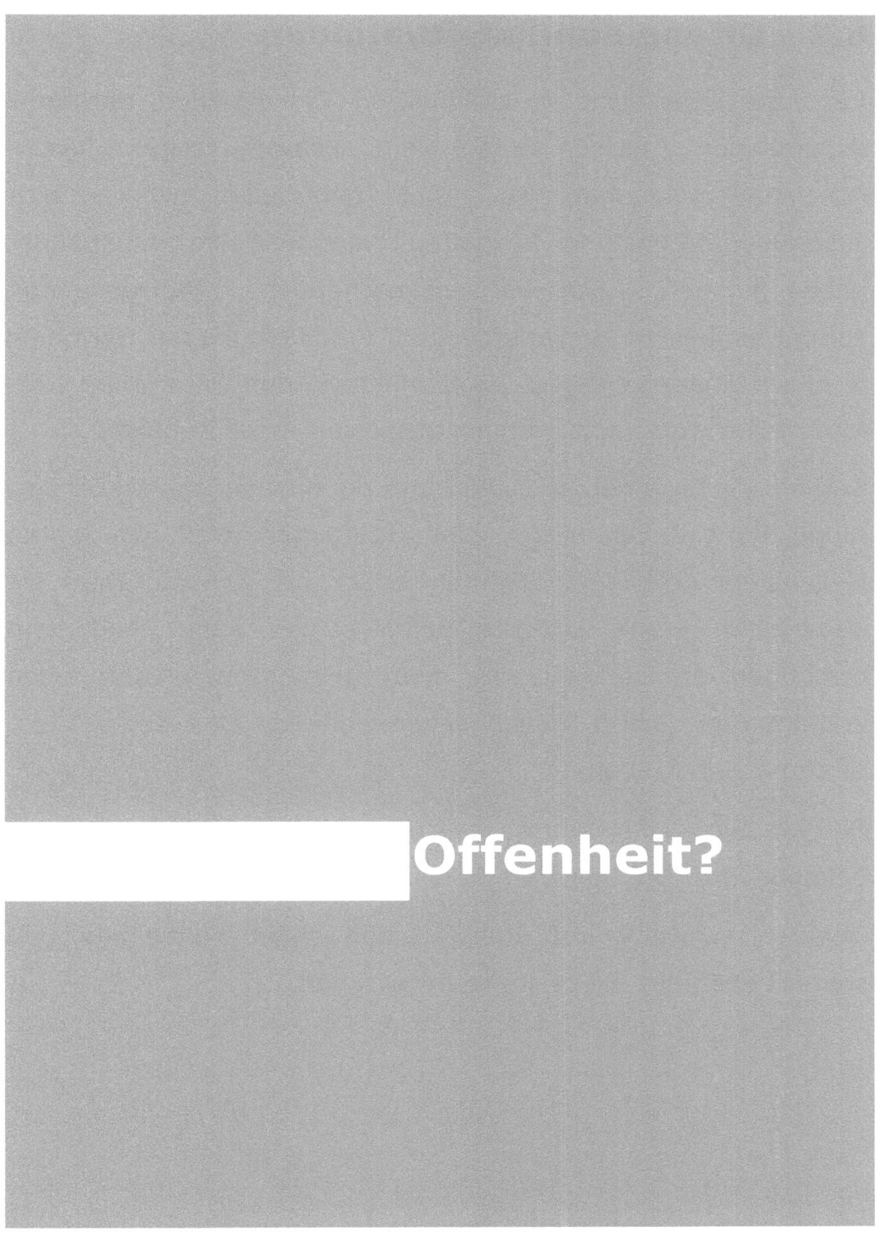
Offenheit?

6.3. Offene Konfliktsituationen

Versuchen Sie nicht in konfliktären Diskussionen Harmonie anzumahnen. Lassen Sie die vielleicht sogar harten Auseinandersetzungen zu. Ihre Mitarbeiter wollen sich zusammenraufen und austesten, wie weit sie miteinander gehen können. Auch bei leidenschaftlichen Wortgefechten kommt es fast nie zu Verletzungen. Verpflichtung zur Harmonie in dieser Phase verlagert die Konflikte in den Untergrund. Das fördert Heimtücke und Intrigen als schleichende Konflikte

Sorgen Sie für einen schnellen und deutlich sichtbaren Erfolgt. Kluge Projektleiter lassen ihre Mitarbeiter jetzt den ersten Meilenstein erreichen. Dadurch erlebt die Gruppe, dass sie gemeinsam etwas auf die Beine stellen kann. Außerdem ermutigen es sie, dass sie dem gemeinsamen Ziel einen erkennbaren Schritt näher gekommen ist. Das steigert die Leistungsbereitschaft.

Sorgen Sie dafür, dass der erste Erfolg Außenstehenden bekannt wird. Organisieren Sie es.

Dadurch schweißt sich die Gruppen enger zusammen und steigert ebenfalls die Leistungsbereitschaft.

Beziehung?

6.4. Stress aus der Arbeitsbeziehung

Wenn Sie Ihre Mitarbeiter erfolgreich motivieren wollen, brauchen Sie den Willen gute Arbeit zu leisten. Mitarbeiter muss man nicht mit psychologischen Tricks motivieren. Sie haben selbst Lust sich mit interessanten Aufgaben zu beschäftigen, anspruchsvolle Ziele zu erreichen. Wichtiges zu tun. Sie haben außerdem Lust, sich in eine Gemeinschaft einzugliedern. Wir Menschen sind soziale Wesen. Wir geben uns gerne in Gesellschaft, tauschen uns gerne mit andren aus und möchten uns in einem Kreis fester Beziehungen anerkannt und geborgen fühlen. Der Wunsch nach Individualität heißt, dass wir uns auch als Individuen abgrenzen können und manches ganz allein entscheiden oder gestalten möchten. Wir sehnen uns danach, ganz allein auf etwas stolz zu sein zu dürfen, was wir ohne die Hilfe anderer erreicht haben. Außerdem brauchen wir bei aller Freude an der Gemeinsamkeit immer wieder auch Rückzugsmöglichkeiten.

Das Team

Wenn Sie Ihre Mitarbeiter beobachten, werden Sie erkennen, dass der eine viel Ruhe braucht und gerne alleine arbeiten will, der Andere sucht ständig den Kontakt, dem einen geht die Arbeit über alles, für seine Qualitätsansprüche streitet er gern auch hart mit seinen Kollegen herum. Dem Anderen geht die Teamharmonie über alles. Ein nicht zu unterschätzendes Stresspotentiale liegt in der Arbeitsaufgaben und den Arbeitsinhalten. Besonders beim Zusammenlegen von

Arbeitsaufgaben (job enlargement) können Sie hohe Motivationsschübe bewirken. Diese Arbeitsgestaltungsmaßnahme besteht in einer quantitativen Erweiterung der Arbeitstätigkeit im horizontalen Aufbau der Arbeitsteilung. Es werden also gleichartige, stark zersplitterte Tätigkeiten aus mehreren Arbeitsplätzen in einem zusammengefasst. Damit wird eine Ausweitung der Aufgabenvielfalt zur Ganzheitlichkeit der Aufgabe herbeigeführt, um Ermüdungs-, Monotonie-, Sättigungs- und Entfremdungserscheinungen entgegenzuwirken. Gleichzeitig wird die Qualifikation eines jeden Angestellten erhöht, da die neue Aufgabe durch mehrere vor- oder nachgelagerte gleichartige Aufgaben angereichert wird. Auch die Vertikale Anreicherung der Arbeitsaufgabe (job enrichment) bedeutet einen Motivationsgewinn . Der Arbeitsbereich wird durch Vergrößerung der Entscheidungs- und Gestaltungsbefugnisse durch hierarchisch vor- und nachgelagerte Verrichtungen also im Planungs-, Fertigungs- und Kontrollbereich angereichert. Es können Veränderungen im hierarchischen wie auch im funktionalen Bereich eintreten. Die traditionelle Arbeitsteilung wird je nach Aufgabenumfang aufgehoben. Wesentliche Vorteile sind hierbei die Ganzheitlichkeit der Aufgabe sowie die Autonomie des Handelns. Diese Form kann beispielsweise nach einer Kompetenzerweiterung durch Aus- und Weiterbildung oder für junge Nachwuchsführungskräfte eine Bereicherung darstellen.

Die Teambeziehung

Hier ist besonders die Bedeutung von Gruppenarbeit hervorzuheben. Die seit einigen Jahren gewachsenen Anforderungen im Markt in Bezug auf Kundenorientierung, Qualität der Produkte, Globalisierung und Internationalisierung und damit gestiegener Wettbewerb und Flexibilität in der Produktion aufgrund von kürzeren Produktlebenszyklen oder schnelleren Produktanpassungen machten eine neue Arbeitsform notwendig. Zu diesem Zweck wurde die Gruppenarbeit in verschiedenster Form eingeführt. Ziele der Gruppenarbeit sind vor allem: ¬ erhöhte Mitarbeiterflexibilität ¬ Steigerung des Qualitätsbewusstseins ¬ Mitbestimmung und Mitgestaltung der Mitarbeiter, um somit eine erhöhte Mitarbeitermotivation und -zufriedenheit zu realisieren. ¬ stärkere Integration der Mitarbeiter in Entscheidungsprozesse ¬ insgesamt eine Steigerung der Produktivität und Besserung der Produktqualität. Durch das gruppendynamische Wir-Gefühl und durch die Anwesenheit verschiedener Kenntnisse und Fähigkeiten sowie Ideen innerhalb der Gruppe wird eine komplexe Aufgabe im Team schneller und besser gelöst. Denn die Summe aller guten Ideen bringt die beste Lösung für eine Herausforderung als Ergebnis hervor Den Gemeinschaftsorientierten müssen Sie Aufgaben zuteilen, die sie zusammen erledigen können. Sie werden am besten dadurch motiviert, dass Sie für einen hohen Qualitätsstandard sorgen, das macht die Mitarbeiter stolz auf ihren Job. Wir sind tagtäglich gefordert, bestimmte Handlungen oder Tätigkeiten zu vollbringen, mit dem Ziel, den Alltag so gut und reibungslos wie nur möglich zu bewältigen. Angefangen vom Familienleben, über Schule, Beruf und Freizeit sind alle Bereiche des menschlichen Daseins davon berührt. Die für uns so selbstverständliche Bewältigung solcher „gewöhnlicher" Lebensaufgaben ist das Ergebnis eines komplexen Zusammenspiels unserer kognitiven Funktionen, Fähigkeiten und Prozesse und der Emotion und Motivation. Erst das Verständnis vom Zusammenwirken von Kognition, Emotion und Motivation ermöglicht es, die Ganzheitlichkeit des menschlichen Erlebens und Verhaltens zu begreifen und zu erklären. Zwischen kognitiven Funktionen und Fähigkeiten (Wahrnehmung, Denken und Gedächtnis) untereinander wie auch zwischen kognitiven Funktionen und Fähigkeiten und der Emotion und Motivation bestehen wechselseitige Beziehungen, die das Verhalten und Erleben eines Menschen steuern. Gleichzeitig beeinflussen kognitive Funktionen und Fähigkeiten das emotional- motivationale Verhalten. Die Wahrnehmung von Emotionen hängt immer von der kognitiven Bewertung (=cognitive labeling) des physiologischen Erregungszustandes ab. Jede emotionale Erregung wird kognitiv bewertet und je nach Bewertung wird sie als Freude, Ärger, Sehnsucht, Enttäuschung, Trauer erlebt und dann in entsprechendes Verhalten oder Handeln umgesetzt. Emotionen, aber auch Bedürfnisse und Triebe beeinflussen in einem erheblichen Maß kognitive Funktionen und Prozesse. Bereits bei der Wahrnehmung können wir die Wechselwirkung von emotionalmotivationalen und kognitiven Prozessen feststellen. Kognitive Prozesse bleiben von Emotionen, Bedürfnissen und Trieben nicht unbehelligt. Angenehme Gefühle und Bedürfnisse fördern kognitive Prozesse, die diese Gefühle und Bedürfnisse unterstützen. Unangenehme Emotionen dagegen hemmen kognitive Prozesse, die solche Emotionen verstärken würden und fördern kognitive Vorgänge, die ihnen entgegenarbeiten. Auch auf Gedächtnisinhalte üben Emotionen einen Einfluss aus: Affektiv getönte Ereignisse werden besser behalten als nicht affektiv getönte. Langfristig ist anzunehmen, dass man angenehme Ereignisse besser behält als unangenehme. Gefühle sind auch in der Lage, kognitive Funktionen und Fähigkeiten zu blockieren. Konsequenzen für die Führung Wenn du ein Schiff bauen willst, so trommle nicht Männer zusammen, um Holz zu beschaffen, Werkzeuge vorzubereiten und die Arbeit einzuteilen, sondern lehre die Männer die Sehnsucht nach dem endlos weiten Meer, ein Zitat von Antoine de Saint-Exupéry.

Stress aus mangelndem Wir-Gefühl

Wenn Sie Ihrem Team immer wieder interessante neue Aufgaben und Ziele verschaffen und den Anteil an langweiligen Routineaufgaben begrenzen und wenn sie durch gemeinsame Workshops und auch durch kleine Feiern den Zusammenhalt fördern. Wenn Sie jeden Einzelnen einen eigene Aufgabenbereich für sich alleine geben und ihm auch allein dafür verantwortlich machen. Wenn die Mitarbeiter im Rahmen ihrer Fähigkeiten und der gemeinsamen Absprache weitgehend selbst ihren Arbeitsstil bestimmen dürfen. Vereinbaren Sie was zu erreichen ist. Überlassen Sie es den Mitarbeitern, wie sie es machen wollen. Wenn die Mitarbeiter die Möglichkeit haben sich ihren Arbeitsplatz zu mindest ein wenig individuell zu gestalten. Wir bewegen uns ständig in Gruppen, sei es im Beruf, sei es in der Familie, unter Kollegen oder unter Freunden. Es sollen verschiedene in Gruppen ablaufende Prozesse mittels Gruppenarbeiten und Rollenspielen erfahren werden.→ Führen und Lenken des Mitarbeiterverhaltens. Führen, Leiten, Lenken, Steuern, Begleiten, Betreuen, Unterhalten, Beraten, Helfen, Unterstützen, Trainieren, Moderieren sind viele Bezeichnungen für eine neue Herausforderung, in Hierarchien zu agieren und auf verschiedenen Ebenen in das Geschehen einzugreifen. Führen und Leiten im Wandel von der Dienstleistungsgesellschaft zur Informationsgesellschaft stellt hohe Anforderungen an das eigene Führungsverhalten, an die Beziehungs-, Kontakt- und Kommunikationsfähigkeit. Neue Führungsaufgaben sind Beziehungsgestaltung, Zielorientierung, Zielvorgaben, Ressourcensicherung, Visionen entwickeln und Strategien umsetzen und Controlling. Wichtig erscheint in Zukunft die Erweiterung des Repertoires „Führungsqualität“ in Richtung „Führen als Mensch“ Wichtige Kriterien des Führungsverhaltens „Führen als Mensch“ kennenlernen, bedeutet, verantwortungsvolles Handeln in Bezug auf:→ Anerkennungs- und Kritikfähigkeit→ Feedbackverhalten im Nehmen und Geben→ Entscheidungsverhalten bei Unsicherheiten → Durchsetzungsfähigkeit, Konsequenz →

Motivationsfähigkeit über Zielerfolge→ Mitarbeiterförderung über Verhaltensziele (Wissen, Wollen, Können)→ Zielbildungsregeln bei der Delegation→ Loyalität.

Lernen in stressarmer Atmosphäre

Beim Lernen sollte das Moment der Entdeckung (Aha-Erlebnis) und der Freude im Mittelpunkt stehen. Angst ist ein schlechter Lehrmeister. Da das schulische Lernen meist nicht intrinsisch motiviert ist (d. h. einen eigenen inneren Antrieb entspringt). Beim fremdbestimmten Lernen nimmt man sehr viel empfindlicher Störungen wahr. Diese gilt es abzubauen, denn sonst wird Lernen zur Qual. Es kann eine gemeinsame Aufgabe aller im Lernteam sein entstehenden Konflikte so milde wie möglich zu gestalten, damit die nicht Angstbewältigung, sondern das entdeckende Lernen im Mittelpunkt steht. Der Mitteilende sollten wertefrei jedem Lernenden gegenübertreten und keine Sympathie- und Antipathiebekundungen vornehmen. Entstehende Konflikte sollten sofort gelöst werden, denn wie in einzelnen didaktischen Theorien erwähnt haben Störungen Vorrang. Erst wenn die emotionalen beeinflussbaren Faktoren aus dem Wissensgegenstand ausgeräumt wurden, können kognitive Lernprozesse ablaufen.

Zielangabe Wichtig ist eine Zielangabe, so dass die Mitarbeiter wissen welche Wissensgebieten sie erfassen sollen. Nach Mager müssen die Mitarbeiter wissen, wo sie ankommen sollen, um sich auf den mühsamen Weg des Lernens zu machen. Der

Ablauf der Weiterbildung sollte einen „Roten Faden" beinhalten, der die Mitarbeiter stets an das Entwicklungsziel erinnert.

Schwierigkeit des Wissensgegenstandes Der Wissensgegenstand muss einen angemessenen Schwierigkeitsgrad beinhalten. Dabei erkennen wir den eigenen Lernfortschritt. Die Aufgabe muss vom Frustration - zum Erfolgserlebnis führen, wodurch sich positive Einstellungen gegenüber den Lerninhalten einstellen. Bei mehrmaliger Wiederholung dieses Prozesses stellt sich eine positive Grundeinstellung gegenüber dem Lernort ein, welche Lernerfolge maßgeblich begünstigen. Geeignete Maßnahmen sind: Positive Merkmale der erbrachten Äußerungen hervorheben und · Ideen und Vorschläge der Auszubildenden aufgreifen, anerkennen und in die Lernsituation integrieren

Tipps

6.5. TIPPS von A-Z für den Arbeitgeber

Ausbildung und Weiterentwicklung fördern

Erfragen Sie regelmäßig in den Entwicklungsgesprächen den Aus- und Weiterbildungsbedarf, bereiten Sie Ihre Mitarbeiter für neu zu übernehmende Tätigkeiten vor bzw. schulen Sie die Mitarbeiter laufend auf neue Bereiche ein.

Bestpractice

Im Bestpractice wird über Fälle und Situationen diskutiert, das Lernen voneinander und miteinander ist Bestandteil des Unternehmensalltags.

Checkups regelmäßig anbieten

Geben Sie Ihren Mitarbeitern regelmäßig die Möglichkeit zu medizinischen Untersuchungen und bieten Sie jährliche Schwerpunkte zu Themen wie Bewegung, Stress, Entspannung, Herz- Kreislauf, Atmung, Lungen, Hautchecks und andere Themen an.

Dienstreisen gut einbetten

Alle dienstlichen Reisen, die es dem Mitarbeiter nicht ermöglichen, abends regelmäßig zu Hause seien zu können, brauchen die nötige Vorbereitung und Planung.

Einarbeiten in neue Aufgaben

Einarbeitung braucht Zeit und Möglichkeit der Adaption. Es handelt sich um die Qualität der

Hilfestellung, damit man sich mit der neuen Aufgabe vertraut machen konnte.

Fördern von Mitarbeiterinnen

Die Förderung wurde einerseits als Hilfe der Vorgesetzten gegenüber den Untergebenen gesehen, aber auch allgemein als Ermöglichen von beruflichen Chancen und Veränderungsmöglichkeiten im Sinne des Weiterkommens in der Karriereleiter.

Geben Sie Ihren Mitarbeiterinnen Entscheidungsfreiräume

Jedes Genehmigungsverfahren braucht Zeit und gleichzeitig mindert es die Verantwortung des Mitarbeiters. Je mehr Erfahrung und Qualifikation ein Mitarbeiter erwirbt, desto mehr Entscheidungs- und Handlungsspielraum kann er verantworten und es bedarf nicht mehr für jede Genehmigung einer ausdrücklichen Erlaubnis einer höheren Instanz.

Halten Sie ihre Organisation schlank

Je klarer und schlanker die Kommunikationswege, desto reibungsloser funktioniert der tägliche Transfer und Austausch.

Integrieren Sie Familienmitglieder

Familie sind bei den meisten Mitarbeitern Frau, Freundin und Kinder, aber auch andere Personen des nahen persönlichen Umfelds, die Einfluss auf den Mitarbeiter haben, finden Sie Zugang zur Familie und integrieren Sie die nahen Festen bei Events und Veranstaltungen .

Konkrete Vorgaben formulieren.

Anforderungen und speziell erwartete Ergebnisse gehören klar formuliert. Ebenso nötige Abstimmungsprozesse und Entscheidungs- und Verantwortungsrahmen klar abgesteckt.

Lernen Sie Sympathien zu zeigen

Sympathie wird allgemein als zwischenmenschliche Beziehung gesehen, die für den Einen eine wichtige Rolle spielt und für den Anderen gar keine. Es wird nicht nach Vorgesetztem, Mitarbeiter oder Quelle differenziert; ausschlaggebend ist die Wichtigkeit, zu einem anderen Menschen so etwas wie Sympathie aufzubauen oder zu empfinden.

Mobbing ansprechen

Unter Mobbing versteht man einen Prozess der systematischen Ausgrenzung und Erniedrigung eines anderen Menschen, der von einer oder mehreren Personen betrieben wird. Diese feindseligen Handlungen müssen mit einer gewissen Regelmäßigkeit durchgeführt werden, mindestens einmal die Woche und über eine bestimmte Dauer. Ziel von Mobbing ist es, die betroffene Person aus dem Arbeitsumfeld zu entfernen. In den Interviews fiel der Ausdruck Mobbing relativ oft, allerdings wurden in mindestens 90% aller Fälle, eher üble Nachrede, Tratscherei, Neid oder höchstens ein mobbingähnliches Verhalten beschrieben.

Neue Mitarbeitern und Kunden integrieren und den Kontaktaufbau erleichtern

Kontaktaufnahme ist eine Fähigkeit des Einzelnen. Dem einen fällt es einfach, eine wildfremde Person anzusprechen und in kurzer Zeit in ein Gespräch zu verwickeln, der andere hat starke Hemmungen, ist fast menschenscheu. Kontaktaufnahme kann hier in Verbindung mit Kontaktfreudigkeit gesehen werden.

Operativ planen

Planungen und Jahresziele sind nicht nur pauschal zu planen, sondern auch in die operativen Teilschritte zu zerlegen. Dies schafft Sicherheit und gibt auch gleichzeitig die zu erreichenden Meilensteine vor.

Planen Sie die nötigen Ressourcen ein

Ausrüstungen wie Handys, Computer, Fahrzeuge, Fotoapparate und andere Hilfsmittel gesprochen, die die operative Arbeit erleichtern bzw. zwingend notwendig sind, reduzieren den Arbeitsaufwand und dadurch den Stresspegel.

Reduzieren Sie die Bürokratie

Formalitäten beinhalten alle Anträge, Formulare und schriftliche Anforderungen, die im Dienstbetrieb nötig sind und gehören regelmäßig auf Notwendigkeit und Nützlichkeit geprüft. Je weniger formal Verwaltungsaufwand Ihre Mitarbeiterinnen haben, desto produktiver können Sie sein.

Soziale Kompetenz gefragt

Erfahrene und sozial kompetente Führungskräfte können Ihre Mitarbeiterinnen gut einschätzen, sind laufend mit Ihnen im Gespräch und wissen um Ihre Befindlichkeiten Bescheid.

Teamatmosphären fördern

Schlechte Zusammenarbeit ist häufig gesundheitsbeeinträchtigend. Messen Sie die Zufriedenheit bezogen auf Vorgesetzte, Kollegen und andere Abteilungen und handeln Sie zeitgleich wenn Demotivationsfaktoren sichtbar werden.

Über- und Unterforderung identifizieren

Dabei handelt es sich um Zustände, die der Mitarbeiter aus sich heraus fühlt, oder die von außen auf ihn einwirken. Grundsätzlich ist man unterfordert, wenn man der Qualifikation entsprechend, wenig oder einfache Arbeit verrichten muss. Überfordert ist man, wenn der Qualifikation entsprechend zu viel und zu schwierige Arbeit ausgeführt werden soll. Auch spielt der Zeitfaktor bei der Überforderung eine große Rolle. Bei zu wenig Zeit kann auch die beste Qualifikation nicht helfen.

Unterstützen Sie den Erwerb von Fremdsprachenkenntnisse

Je globaler Ihre Mitarbeiterinnen gefordert sind, desto wichtiger ist die Investition in die Sprachkenntnisse. Mitarbeiter, die sich nicht verstanden fühlen, reagieren mit Unzufriedenheit und zeigen häufig psychosomatische

Symptome bevor klar wird, dass Verständigung- und Kommunikationsprobleme

Vorgesetzte als Vorbilder installieren

Vorgesetzte sollten mit gutem Beispiel hinsichtlich der Worklifebalance vorangehen. Die Vorbildwirkung hat präventiven gesundheitsförderlichen Charakter.

Zeitdruck

Zeitdruck wird allgemein als ein Zustand gesehen, bei dem innerhalb von limitierter Zeit umfangreiche Arbeit erledigt werden muss. Besonders wird Zeitdruck erlebt, wenn es um das Erreichen von Quoten, Statistiken, Ergebnisse und auch Beurteilungen verlangt wird. Sprechen Sie daher nach dem erreichten Ziel die Situation an und geben Sie Ihren Mitarbeiterinnen die gewünschte oder erwartete Bestätigung.

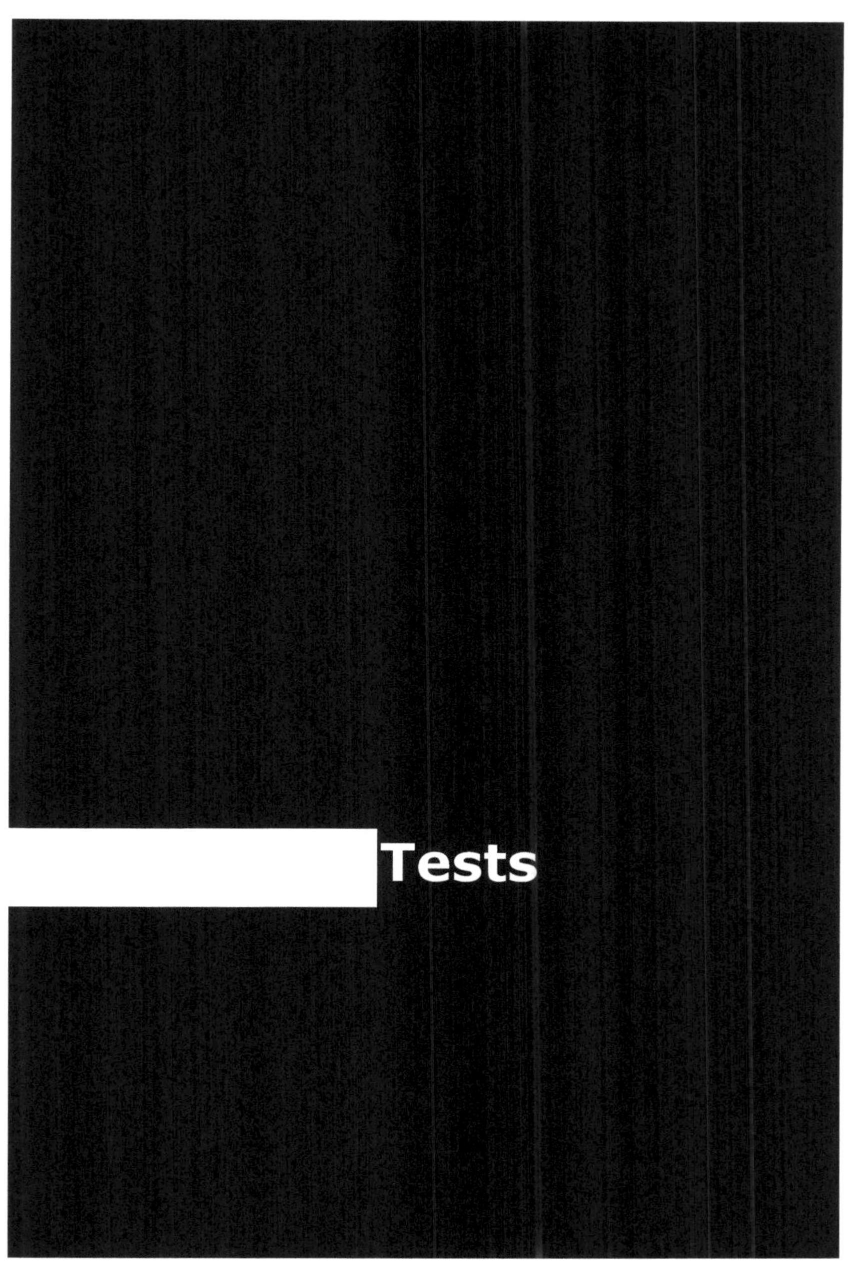

Tests

7. STRESSTEST

Gehen Sie bitte die folgende Liste mit unterschiedlichen Reaktionen der Reihe nach aufmerksam durch. Prüfen Sie bitte genau, wie oft und wie stark Sie die angeführten Vorgänge oder Erscheinungen in der letzten Zeit an sich beobachtet haben. Kreuzen Sie in den dafür vorgesehenen Spalten hinter jeder Reaktion sowohl den zutreffenden Häufigkeitsgrad als auch den Stärkegrad an.

		Häufigkeit				Stärke			
		1	2	3	4	1	2	3	4
		nie	manchma	häufiger	oft	nicht	kaum	mäßig	stark
1	Krampfanfälligkeit								
2	Verdauungsstörungen								
3	Tagträumen								
4	trockener Mund								
5	Kurzatmigkeit								
6	weiche Knie in bestimmten Situationen								
7	Stotteransätze								
8	das Gefühl "alles wächst mir über den Kopf"								
9	häufiges Nachfragen trotz akustischer Verständlichkeit								

10	übermäßiges Schwitzen								
11	Nacken- und Schulterschmerzen								
12	schlecht zuhören können								
13	Unfähigkeit zur Entspannung								

		Häufigkeit				Stärke			
		1	2	3	4	1	2	3	4
14	Gedankenabreißen								
15	Völlegefühl								
16	Unruhe oder Zucken in bestimmten Muskelbereichen								
17	Vergessen, verlegen, verwählen, verhören								
18	Herzstolpern								
19	Ideenarmut								
20	Angstgefühle								
21	schnelle körperliche Erschöpfung								
22	Lichtempfindlichkeit								
23	Appetitlosigkeit								
24	Rotwerden								
25	Kreuz- oder Rückenschmerzen								

Mag. Ursula della Schiava-Winkler, 1080 Wien, Lerchenfelderstr.120, www.socialskills4you.com,
Email: udsw@socialskills4you.com

Nr.	Symptom	Häufigkeit				Stärke			
		1	2	3	4	1	2	3	4
26	Gedankenverlorenheit								
27	Sodbrennen								
28	Magenbeschwerden								
29	Zucken der Augenlider								
30	Gedächtnislücken								
31	depressive Verstimmung								
32	innere Unruhe								
33	unangemessener Harndrang								
34	Ziehen oder Schmerzen in der Brust								
35	Herzstechen								
36	körperliches Aufschrecken								
37	Bewegungsschmerzen								
38	Frösteln oder Hitzewallungen								
39	immer wiederkehrende Zwangsvorstellungen								
40	kalte Hände oder Füße								
41	Zittern am ganzen Körper								
42	Ablenkbarkeit								
43	"Gliederschmerzen"								

Mag. Ursula della Schiava-Winkler, 1080 Wien, Lerchenfelderstr.120, www.socialskills4you.com,
Email: udsw@socialskills4you.com

44	Schlafstörungen								
45	beidseitige Kopfschmerzen								
46	Gedankenkarussell vor dem einschlafen								
47	Zittern beim Anheben normaler Lasten								
48	Grübeln								
49	"zerschlagen" aufwachen								
50	Konzentrationsstörungen								
51	Verspannungsgefühle								
52	"Ideenflucht"								
53	Schwindelgefühle								

Testauswertung

Berechnen Sie bitte für jeden der angeführten Vorgänge Ihre individuelle Reaktionsbereitschaft, indem Sie die Werte für

Häufigkeit

(nie=1, manchmal=2, häufig=3, oft=4)

und die Stärke

(nicht=1, kaum=2, mäßig=3, stark=4)

miteinander multiplizieren. Die Ergebnisse tragen Sie dann hinter den entsprechenden Nummern in die jeweils zutreffende Spalte ein. Dabei machen Sie bitte immer dann, wenn als Produkt „1" herauskommt einen Strich.

Motorische Ebene

Nr.:	
1	
6	
7	
11	
13	
16	
21	
25	
29	
34	
36	
37	
41	

Vegetative Ebene:

Nr.:	
2	
4	
5	
10	
15	
18	
22	
23	
24	
27	
28	
33	
35	

Kognitive Ebene

Nr.:	
3	
8	
9	
12	
14	
17	
19	
20	
26	
30	
31	
32	
39	

43	
45	
47	
49	
51	
Σ:	

38	
40	
44	
53	
Σ:	

42	
46	
48	
50	
52	
Σ:	

Ergebnisse:

Motorische Ebene:..................

Vegetative Ebene:...................

Kognitive Ebene:......................

Insgesamt:...............................

Ihre Ergebnisse bewegen sich zwischen 17 und 288 Punkten pro Ebene, insgesamt liegt die zu erreichbare Punktezahl zwischen 53 und 848. Ergebnisse unter 60 Punkten pro Ebene liegen im Normalbereich, ab ca. 90 Punkten (bei bereits vorhandenen Leidensdruck auch darunter) sind entsprechende, unten angeführte Entspannungsmethoden unbedingt angeraten. Überprüfen Sie:

Welche ist meine stressanfälligste Verhaltensebene?

Welche Entspannungsmethoden sind in meinem Fall besonders empfehlenswert?

Wie kann ich den erlebten Stress in meinem Leben reduzieren?

Grundsätzlich stehen alle drei Ebenen in enger Verbindung zu einander. So kann gezielte Arbeit auf z.B. der motorischen Ebene auch zu positiver Veränderungen in den anderen Bereichen führen.

Motorische Ebene

Die Motorische Ebene beinhaltet Muskeltonus und Mimik und kann als eine Art Basis für körperliche Entspannung angesehen werden. Entspannung auf der motorischen Ebene kann situationsbedingt gezielt angewendet werden. Da Lockerung auf der motorischen Ebene am leichtesten zu beeinflussen ist, eignet sie sich besonders zum Einstieg. Entsprechende Entspannungstechniken sind beispielsweise Yoga oder die Progressive Muskelentspannung nach Jacobsen.

Die Methode der Progressiven Muskelentspannung wurde von Edmund Jacobson entwickelt, dem auffiel, dass Anspannungen der Muskulatur häufig im Zusammenhang mit innerer Unruhe, Stress und Angst auftreten. Er beobachtete dass Muskelverspannung und diese Emotionen wechselseitig zusammenhängen, wobei mit allen Gefühlen von Unruhe, Angst und Erregung eine deutliche Erhöhung der Spannung des Muskelapparates einhergeht. Aufgrund dieser Beobachtung entwickelte er seine progressive Muskelentspannungstechnik als Möglichkeit der Angstreduzierung. Sie basiert auf dem einfachen Grundgedanken, dass muskuläre Entspannung und stressbedingte Erregung oder Angst miteinander unvereinbar sind, dass Muskelentspannung eine Senkung des Erregungsniveaus des gesamten Organismus zur Folge hat. Jacobson fand nun eine sehr einfache und einleuchtende Methode, die Muskeln schnell und effektiv zu entspannen: das systematische, bewusste und intensive vorherige Anspannen der Muskeln. Er machte sich dabei die Tatsache zunutze, dass jeder Muskel die Tendenz hat, zu ermüden, wenn er vorher starker Belastung ausgesetzt wird. Gleichzeitig hat das Anspannen aber noch einen anderen Zweck: Es dient der Wahrnehmungsschulung für kleine Spannungsunterschiede im Bereich unserer Skelettmuskulatur. Wir werden damit allmählich sensibler bei unserer "inneren Wahrnehmung", entwickeln nach und nach einen "Muskelsinn". Dadurch wird es uns möglich, Anspannungen und beginnende Verspannungen rechtzeitig wahrzunehmen und dann entsprechend gezielt mit Entspannung darauf zu reagieren. Der Muskelapparat ist der am besten geeignete Ansatzpunkt für einen Einstieg in eine Entspannung des gesamten Organismus, da die motorische Ebene unserem willkürlichen Einfluss durch bewusstes An- und Entspannen bestimmter Muskelgruppen (z. B. Hand zur Faust ballen und wieder loslassen) direkt zugänglich ist. Die Aufmerksamkeit lässt sich beim Ballen der Faust auf spürbar vorhandene Empfindungen lenken, die uns mehr oder weniger vertraut sind, da wir im Umgang mit unserer Skelettmuskulatur bereits ein hohes Maß an Erfahrung haben. Außerdem birgt die Technik der progressiven Muskelentspannung keinerlei gesundheitliche Risiken. Sie kann daher auch ohne Bedenken auch im Selbstunterricht erlernt werden.

Begriff Yoga stammt aus dem altindischen Sanskrit und bedeutet „anjochen, zusammenbinden, anspannen, anschirren" kann sowohl als „Vereinigung" oder „Integration" als auch im Sinne von „Anschirren" und „Anspannen" des Körpers an die Seele zur Sammlung und Konzentration verstanden werden. Dabei werden zahlreiche unterschiedliche Richtungen des Yoga unterschieden, wie beispielsweise Hatha Yoga, Iyengar Yoga, Sivanada Yoga, Kundalini Yoga, uvm. Beim Yoga schaffen wir Kontrolle von Körpervorgängen durch selektive Aufmerksamkeit (Atmung). Dabei kann durch Selbstversenkung und Auseinandersetzen mit den jeweiligen Lebensvorgängen eine Bewusstseinsebene gestärkt werden, die in unserer westlichen Gesellschaft meist unbeachtet bleibt. Durch die Senkung autonomer Funktionen hält Entspannung Einzug in den jeweiligen Körper. Das Bewusstmachen sonst unzugänglicher Inhalte kann durch Mantras, Eigenfarbe, Musik, Mandalas, Phantasiereisen erleichtert werden.

Vegetative Ebene

Auf der vegetativen Ebene sind in erster Linie Atmung, Herz-Kreislaufsystem und die Verdauung einzuordnen. Seine Hauptaufgabe ist es durch Regulation in den genannten Bereichen (die wir nicht bewusst beeinflussen können) ein inneres physiologisches Gleichgewicht herzustellen. Es teilt sich in Sympatikus (Aktivität, Leistung) und Parasympatikus (Ruhe, Erholung) auf. Wobei der Sympatikus für Aktivität und Leistung (Erhöhung des Herzschlags, Steigerung des Blutdrucks, Erweiterung der Arterien, Steigerung der Schweißsekretion, Erhöhung der Atemfrequenz, Einschränkung der Verdauung und Ausschüttung von Stresshormonen) zuständig ist und der Parasympatikus die gegensätzlichen Vorgänge, nämlich Ruhe und Erholung (Senkung der Herz- /Kreislauffunktion

Verengung der Arterien, senken des Blutdrucks, Förderung der Verdauung, senken der Atmung und Schweißsekretion) umfasst. Menschen brauchen eine ausgewogene Aktivität beider Bereiche. Sollten Sie die Aktivität des Parasympatikus anregen wollen so empfiehlt sich Autogenes Training. Es beeinflusst vor allem das vegetative System und arbeitet mit einer Technik, die der Hypnose sehr verwandt ist. Entwickelt wurde die Methode des autogenen Trainings ("Methode der konzentrativen Selbstentspannung") vom Berliner Psychiater J. H. Schultz im Verlauf seiner Tätigkeit als Hypnosearzt. Schultz ging von der Annahme aus, dass konzentrierte und beständige Arbeit an sich selbst den einzelnen zu einer Vertiefung seiner Erlebnisfähigkeit, einer Bereicherung der geistigen Kräfte und, über eine bewusstere Lebensführung, zu einer positiven

Lebenseinstellung führt. Das autogene Training beruht auf der Technik der Hypnose und macht sich die menschliche Empfänglichkeit für Suggestionen zunutze. Unter der Bereitschaft des einzelnen, sich beeinflussen zu lassen, kann mit der Hypnose der Zustand vollkommener Entspannung erreicht werden. Ziel des autogenen Trainings ist nun, diesen Hypnosezustand selbst herbeizuführen - durch "Autosuggestion" (Konditionierung von Reizen durch formelhaft gesprochenen Satz, z.B. "Ich bin ganz ruhig und entspannt"). Die vegetative Ebene ist als erster Ansatzpunkt für eine Entspannung des Gesamtorganismus weniger gut geeignet, da wir sie nur über "Vorstellungs- und Denkinhalte der Suggestion" beeinflussen können. Vorbedingungen zur Wirksamkeit suggestiver Verfahren ist eine gewisse Entspannungsfähigkeit und eine Fähigkeit des Wahrnehmens von Körperempfindungen. Mit einiger Übung kann dennoch durch ein fünf Minuten andauerndes Autogenes Training den gleichen Erholungseffekt hat wie eine einstündige Erholungspause.

Kognitive Ebene

Die subjektiv kognitive Ebene ist für unser Denken, unsere Gefühle und Wahrnehmungen zuständig. Entspannung der kognitiven Ebene wird durch Meditation unterstützt und erreicht (z.B. Zen-Meditation). Studien an buddhistischen Mönchen belegen, dass deren Hirn etwas anders funktioniert. Bei ihnen sind die Gehirnarreale, die für Empathie und Güte zuständig sind viel stärker entwickelt als die von anderen Menschen. Sara Lazar konnte in einer Untersuchung mittels Kernspinntomographie nachweisen, dass Meditation auch die Entwicklung des Gehirns fördert, wobei schon nach zwei Monaten regelmäßiger Meditation Unterschiede zu erkennen waren. So wurden zahlreiche neue Synapsen gebildet und die graue Substanz wurde dichter. Ziel der Meditation ist die Selbstfindung, das Finden der eigenen Mitte. "Meditieren" leitet sich von dem lateinischen Begriff "meditari" ab und meint sowohl nachdenken, überdenken, sinnen als auch sich vorbereiten, sich einüben. Unter den verschiedenen Meditationsrichtungen lassen sich Techniken der Betrachtung und Techniken der "Tiefenmeditation" unterscheiden. Die Betrachtungen sind an "Meditationsobjekte" gebunden, über die meditiert werden soll - Gegenstände unserer Umwelt wie z. B. eine Blume, eine brennende Kerze, Lautmalereien (Mantra-Technik), geometrische Figuren (Mandala), usw. Die Tiefenmeditation verzichtet auf alle materiellen Vorlagen, ihr Inhalt sind Vorstellungen, Gedanken, Fragen des Seins, Sinnfragen. Sie ist die höchste Form der Meditation überhaupt.

Mit Hilfe der Meditation kann allmählich die Fähigkeit erreicht werden, einer Vielzahl von Situationen gewachsen zu sein, und ein Gefühl erweiterten Könnens, eine Ausweitung der in uns liegenden Kräfte und eine Zunahme unserer Fähigkeit, auch im Alltag genauer zu sehen und wirkungsvoller zu handeln.

Die kognitive Ebene erscheint als erster und direkter Zugang zur Entspannung des Gesamtorganismus am wenigsten geeignet, da eine Ruhigstellung des kognitiven Bereichs eine weitgehende Ruhigstellung der anderen beiden Bereiche voraussetzt, da anderenfalls ja von dorther ständig Reize in die kognitive Ebene gesendet werden. Aus diesem Grund schreiben auch nahezu alle Meditationstechniken des Ostens umfangreiche körperliche Entspannungsübungen als Vorbereitung auf die höheren Stufen der Meditation vor.

STRESSPROFILTEST

Kreuzen Sie nachstehende Fragen an!

Nr.	Frage	ja	manchmal	nein
1	**Fühlen Sie sich allgemein gesund?**			
2	**Können Sie problemlos einschlafen und durchschlafen?**			
3	**Können Sie sich entspannen?**			
4	**Haben Sie Konzentrationsprobleme oder sind Sie leicht abzulenken?**			
5	**Trinken Sie mehrmals am Tag Kaffee/Tee?**			
6	**Werden Sie leicht müde, lustlos oder antriebslos?**			
7	**Konsumieren Sie mehrmals am Tag Alkohol, Nikotin oder Beruhigungsmittel?**			
8	**Haben Sie manchmal Genick oder Rückenschmerzen?**			
9	**Sind Sie leicht vergesslich, nervös oder gereizt?**			
10	**Fällt es Ihnen schwer sich neuen Dingen zu stellen?**			
11	**Sind Sie einsam, fühlen Sie sich wertlos oder manchmal leer?**			
12	**Sind Sie manchmal traurig oder ängstlich?**			
13	**Leiden Sie an Schwindel, Kopf- Herz- oder Magenschmerzen?**			
14	**Beobachten Sie an sich eine verringerte Leistungsfähigkeit?**			
15	**Wie würden Sie sich in puncto Angst, Sorgen, Überforderung, Stressverhalten selbst beschreiben?**			

Auswertung

Addieren Sie nun die Punkte der Fragen:

Frage Nr.	Ja	manchmal	nein
1	0	0	2
2	0	0	2
3	0	0	2
4	2	0	0
5	2	0	0
6	2	0	0
7	2	0	0
8	2	0	0
9	2	0	0
10	2	0	0
11	2	0	0
12	2	0	0
13	2	0	0
14	2	0	0
15	2	0	0
Summe			

Auswertungsmatrix

Punkte 0 bis 9:	Stresstyp A
Punkte von 10 bis 15:	Stresstyp B
Punkte von 16 bis 21:	Stresstyp C
Punkte von 22 bis 27:	Stresstyp D

Punkte über 27:	Stresstyp E

Typenbeschreibung

Stresstyp A

Sie empfinden Ihr Leben als sehr angenehm und entspannt. Den Druck des Alltages bewältigen Sie gut. Ihre emotionale Verarbeitung funktioniert gut.

Stresstyp B

Sie fühlen sich leistungsfähig, angenehm und gut. Es gelingt Ihnen gut mit Ihrem Alltagsstress umzugehen und sich zu entspannen. Ihre Ressourcen sind gut eingesetzt und es ist jederzeit noch ein Puffer verfügbar.

Stresstyp C

Sie kennen das Thema Stress an sich gut. Es gibt einige Stressfaktoren für Sie. Sie haben aber gelernt damit gut umzugehen. Sie genießen Ihren Stress. Sie fühlen sich gesund und haben im Augenblick in emotionalen, ernährungsspezifischen und körperlicher Hinsicht das richtige Maß gefunden.

Stresstyp D

Ihr Stresspegel ist im Steigen. Sie spüren bereits die ersten Auswirkungen in emotionaler und körperlicher Hinsicht. Körperliches Training und Entspannungstraining wird Ihnen helfen mit dem Stress besser um zu gehen. Sportliche Betätigung und das Kennenlernen der individuellen Entspannungsform müssen jetzt Priorität haben. Achten Sie besonders jetzt auf gesunde Ernährung.

Stresstyp E

Ihr Stresspegel ist zu hoch. Holen Sie sich professionelle Hilfe. Denn Sie nähern sich Ihrer persönlichen und körperlichen Grenzen. Denken Sie jetzt besonders an Ihre Verfassung und schonen Sie sich. Sie spüren Ihren Stress bereits ganz deutlich und haben Schwierigkeiten mal richtig auszuspannen. Ihre Gesundheit leidet bereits darunter. Sie fühlen sich down.

Stresspyramide

Mag. Ursula della Schiava-Winkler, 1080 Wien, Lerchenfelderstr.120, www.socialskills4you.com, Email: udsw@socialskills4you.com

8. IDENTIFIZIEREN SIE IHRE STRESSFAKTOREN!

1. Überlegen Sie sich, welche Faktoren / Aufgaben / Tätigkeiten / Umstände / Situationen potentiell dazu geeignet sind, bei Ihnen Stress auszulösen und schreiben Sie sich diese Dinge auf.
2. Bewerten Sie Ihre niedergeschriebenen Dinge auf einer Skala von 1 bis 10 (je mehr Punkte, desto mehr versetzt es Sie in Stress.
3. Analysieren Sie Ihre Stressoren auf der unten angeführten Stresspyramide (welche Dinge / Stressoren fallen auf welche Ebene und was bedeutet das)
4. Überlegen Sie nun, was Sie tun könnten, damit die Stressoren die nicht im grünen Bereich jeweils eine Ebene nach unten wandern könnten.

Ich fühle mich wohl: (Punkte 1-2)

Das sollte der Normalzustand sein, sozusagen die Basis bilden. Sie haben das Gefühl, dass sie die Dinge / Tätigkeiten / Aufgaben im Griff haben. Es geht Ihnen gut. Auf der Basisebene sollten im Idealfall alle ihre aktuellen Stressoren landen.

Leichte Stressbelastung (Punkte 3-5)

Bei den Tätigkeiten / Aufgaben merken Sie, dass Sie nicht ganz Sie selbst sind. Sie spüren leichten Stress nicht sehr deutlich, vorstellbar wäre, dass Sie sich vernachlässigen, in Ihrer Freizeit eher verspannt wirken, lassen private Termine aus, geraten viel eher ins Grübeln, sind im Allgemeinen eher unzufrieden.

Hohe Stressbelastung (Punkte 6-8)

Das sind Tätigkeiten / Aufgaben / Dinge, die sie unruhig machen. Sie fühlen sich kopflos, neigen zu Ungenauigkeiten, machen Flüchtigkeitsfehler. Sie schalten einen Gang höher, essen mehr oder weniger, sind im Allgemeinen verbissener und unruhiger und ungeduldig mit Menschen in Ihrer Umgebung.

Alarmstufe (Punkte 9-10)

Diese Dinge / Tätigkeiten / Aufgaben stressen Sie extrem. Sie können nicht mehr klar denken, oder sind wie gelähmt; sie fühlen sich sehr bedrückt; Sie spüren körperliche Symptome, wie etwa Kopfweh, Herzrasen, zu hoher oder zu niedriger Blutdruck, Schlafstörungen.

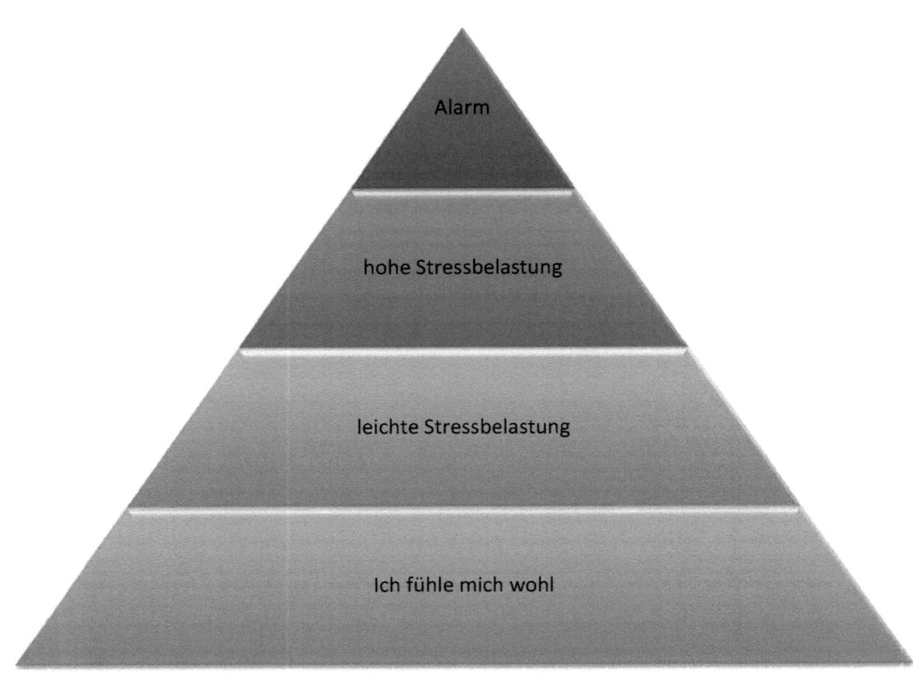

Abbildung 2: Stresspyramide (Academy4socialskills, 2011)

Diese Stresspyramide ist hilfreich, wenn Sie herausfinden möchten, welche Dinge Sie wie stark belasten. Sie kann auch in einer Stresssituation direkt angewendet werden um sich Lösungsvorschläge zu erarbeiten, wie man eine Ebene nach unten klettern kann.

105 TIPPS

9. 105 TIPPS GEGEN STRESS

Den eigenen Rhythmus finden

Machen Sie regelmäßig jede Stunde eine kurze Pause. Fünf Minuten wirken bereits regenerierend auf Körper und Psyche. Teilen Sie sich ihren Arbeitstag so ein, dass Sie zumindest eine zwanzigminütige Pause haben, in der sie den Arbeitsplatz verlassen können. Nützen Sie diese Zeit für Entspannungsübungen oder einen kurzen Spaziergang. Je öfter Sie Ihren Arbeitsalltag auf diese Weise unterbrechen, desto besser können Sie vorzeitiger Übermüdung und unerwünschtem Leistungsabfall vorbeugen. Die Stressbelastung wird gleichsam in Kurven in einem ausgewogenen Rhythmus verteilt und kann dadurch beträchtlich reduziert werden.

Eine Übung gegen den Stress

Schritt Eins:

Beobachten Sie sich und Ihre Körperreaktionen, und erkennen Sie, wenn Sie sich gestresst fühlen. Nehmen Sie sich in der Stresssituation eine AUSZEIT, und machen Sie die Übung. Viele Menschen merken nicht bzw. viel zu spät, dass sie gestresst sind: Fühlt sich der Magen flau? Sind die Kopfschmerzen schon da? Haben Sie gerade Ihr Kind angebrüllt? Sind Sie schusslig? Lernen Sie, Stress schon im Vorfeld zu erkennen. Sobald Sie bewusst die körperlichen und „nervlichen" Signale wahrnehmen, nehmen Sie sich eine kurze Auszeit für die Übung.

Schritt Zwei:

Ziehen Sie sich an einen ruhigen Ort zurück, setzen Sie sich bequem, lockern Sie beengende Kleidungsstücke, legen Sie die Brille ab, schließen Sie die Augen. Dann bemühen Sie sich aufrichtig, Ihre Aufmerksamkeit weg von Ihren rasenden Gedanken oder aufgebrachten Gefühlen, hin in Ihre Herzgegend zu lenken. Unterstützend können Sie die rechte Hand auf das Herz, die linke auf das Sonnengeflecht (Nabelbereich) legen. Stellen Sie sich vor, dass Sie mit dem Herzen atmen, dass Ihr Herz „atmet". Verweilen Sie etwas mit Ihrer Aufmerksamkeit dabei.

Schritt Drei:

Nun holen Sie die Erinnerung an eines der schönen Erlebnisse. Versuchen Sie, dieses Gefühl oder diese Zeit in der Vorstellung noch einmal zu erleben. Wichtig ist, dass Sie nicht nur mental visualisieren, sondern das Gefühl wiedererleben. Wie fühlte sich das damals an? Wie war die Temperatur, war es kalt oder warm? Ist mit dem Erlebnis ein Geschmack oder Geruch verbunden? Oder ein Hautgefühl? Versuchen Sie, sich an möglichst viele sinnliche Details zu erinnern und diese nachzufühlen.

Schritt Vier:

Spüren Sie, wie dieses Gefühl der Freude und Liebe Ihr Herz durchdringt und erwärmt. Verweilen Sie darin, so lange es Ihnen angenehm ist.

Schritt Fünf (in einer akuten Stresssituation): Fragen Sie nun Ihr Herz aufrichtig, welche Reaktion auf diese Situation angebracht wäre, eine Reaktion, die Ihren zukünftigen Stress verringert.

Schritt Sechs:

Hören Sie auf Ihr Herz! Erst wenn Verstand und Emotionen zur Ruhe gekommen sind, kann man die „Stimme des Herzens hören“: unsere Intuition und innere Weisheit, die Quelle für richtige Lösungen in jeder Situation. Auch wenn kein akuter Stress bewältigt werden muss, sollte man auf diese innere Stimme hören. Denn gerade in einem ruhigen, tief-entspannten Zustand können Erkenntnisse auftauchen, die für die gegenwärtige Lebenssituation wichtig sind.

Überforderung vorbeugen

Sorgen Sie dafür, dass Sie mit neuen beruflichen Inhalten nicht „überfahren“ werden und klären Sie mit Ihrem Arbeitgeber, dass eine Änderung Ihrer bisherigen Arbeitstätigkeit nur mit entsprechender Vorinformation, einem ausreichenden zeitlichen Vorlauf und adäquater Unterstützung (Umschulung, Einführung durch Arbeitskollegen, etc.) erfolgen kann.

Rationalisieren Sie

Verbinden Sie Tätigkeiten miteinander, die gleichzeitig getan werden können. Machen Sie zum Beispiel ausgewählte Übungen Ihres Körpertrainings, während Sie den Hausha t erledigen, oder bügeln Sie, während Sie mit einer Freundin telefonieren oder Ihren Lieblingsfilm anschauen. Stellen Sie so verschieden Tätigkeitsabläufe zusammen, um Zeit zu sparen.

„Downspeeding"

Entschleunigen Sie das Leben und nehmen Sie Druck heraus. Es sind kleine Techniken, die beim Entstressen helfen. Planen Sie zum Beispiel jeden Tag angemessene Ich – Zeiten ein. Ob zehn Minuten oder eine Dreiviertelstunde: Nichtstun schärft die Sinne. Wenn das Hirn nicht auf Effizienz und Zwangs-Out-put geschaltet wird, profitieren davon Aufmerksamkeit, Genussfähigkeit und Kreativität. So wird bewusste Langeweile zur Power-Pause, weil die Sinne plötzlich wieder funktionieren und der Kopf wie von selbst Ideen produziert.

Adäquate Belohnung

Bestehen Sie auf adäquate Entlohnung und vor allem auf einen menschlichen Umgang miteinander: Lassen Sie Geringschätzung durch Vorgesetzte oder Mobbing im Kollegenkreis auf keinen Fall über sich ergehen und organisieren sie sich entsprechende Beratung bzw. Hilfe.

Sich Alternativen überlegen

Wenn ein Plan oder ein Projekt schief geht, dann hadern Sie nicht unablässig, sondern lassen Sie los. Ärger und Groll bringen Sie keinen Schritt weiter, sie zehren nur an Ihren seelischen und geistigen Kräften. Überlegen Sie sich stattdessen eine geeignete Alternative und nützen Sie die Gelegenheit, einmal etwas ganz anders zu machen.

Selbstreflexion des Tagesrestes

Gehen Sie die Aufgaben, die sich vorgenommen haben, am Ende des Tages durch. Prüfen Sie, was Sie davon erledigt haben und was noch offen ist. Durch die Aktualisierung der Zeitlisten, bleiben Sie immer am Ball.

Räumlicher Wechsel

Oft hilft auch ein kurzer räumlicher Wechsel: Sind Sie etwa in einem Großraumbüro, wo Lärm und Krach dominieren, dann suchen Sie ein abgelegenes, stilles Plätzchen, wo Ruhe vorherrscht.

Morgendlicher Kneipptipp

Kaltes Wasser wirkt als Muntermacher. Wechselduschen am Morgen weckt auf. 30 Sekunden mit körperwarmem Wasser und dann 3 Sekunden kalt duschen- insgesamt 3 x im Wechsel und dann mit einem kalten Guss aufhören.

Im Nu wieder hellwach

Lassen Sie zwischendurch Leitungswasser über die Handgelenke laufen – abwechselnd heiß und kalt.

Der Frischeeffekt

Eiswürfel in ein Tuch packen, Nacken, Hals, Gesicht und Brust gut abreiben. In kleinen Kreisen, jeweils ungefähr zehn Sekunden lang. Hinterher trockentupfen. Der Frischeeffekt hält meist drei bis vier Stunden.

Körperlicher Ausgleich

Sitzen Sie nicht länger als 20 Minuten in der gleichen Position. Danach gleich die Lage ändern.

Richtiges Stehen

Stehen Sie ohne Schuhe und aufrecht. Stellen Sie die Füße hüftbreit und parallel auf und überstrecken Sie keinesfalls Ihre Knie. Stellen Sie sich nun vor, dass ein Gewicht am Steißbein das Becken sanft nach unten zieht, während ein Ballon auf Ihrem Scheitel den Hinterkopf nach oben hebt. Dabei sinken die Schultern ab und der Nacken entspannt sich. Entspannen Sie den Brustkorb, indem Sie einmal lange seufzen. Üben Sie das richtige Stehen bei jeder Gelegenheit, irgendwann machen Sie es ohne jegliche Anstrengung, indem es in Fleisch und Blut übergeht.

Zur Rückenstärkung

Diese Übung beseitigt Energieblockaden und Haltungsfehler. Der Körper kann effektiver funktionieren, Sie bewegen sich energiesparend, aufrecht und graziöse. Die gute Haltung unterstützt zudem die inneren Organe dabei wirksamer zu arbeiten. 3 Minuten Balanceakt gegen Blockaden: Rollen Sie einen Tennisball in Brusthöhe zwischen den Handflächen auf und ab.

Kutscherhaltung

Lassen Sie sich bequem in den Bürosessel fallen, schließen Sie die Augen und nehmen Sie die „Kutscherhaltung" ein: Schultern, Arme und Kopf einfach entspannt hängen lassen für c.a. 20 Minuten. Träumen Sie ruhig vor sich hin, aber längstens 20 Minuten! Danach: Augen auf und kräftig durchatmen!

Slowdown

Wenn Sie viel im Laufschritt machen, gehen Sie mal bewusst einen Schritt zurück und üben Sie sich in Langsamkeit

Oder erwärmen Sie Ihren Körper

Reiben Sie den Bauch mit den Händen und gehen Sie 100 Schritte. Halten Sie den Atem an und denken Sie an Feuer in Ihrer Bauchmitte, das den ganzen Körper erhitzt.

Autogenes Training

5 Minuten autogenes Training ist ideal zum Relaxen. Gerade hinsetzen und Augen schließen. Konzentrieren Sie sich nun je 1 Minute auf das Schweregefühl im Arm und sagen Sie sich vor „Mein Arm ist schwer". Dann konzentrieren Sie sich auf die Wärme im Bauch und sagen sich vor „Mein Bauch ist warm". Dann achten Sie auf Ihren Herzschlag und sagen sich vor „Mein Herz schlägt regelmäßig. Danach achten Sie auf die Kühle Ihrer Stirn und denken Sie „Meine Stirn ist kühl". Dann zählen Sie bis 10 und öffnen die Augen.

Souverän durch Selbsthypnose

Die Selbsthypnose ist eine sehr gute Methode, um Stress und auf Stress beruhenden Erkrankungen vorzubeugen. Sie kann dazu verwendet werden, positive Gedanken und Bilder Ihrer Wahl zur Entspannung einzusetzen. Der Begriff Hypnose stammt von dem griechischen Wort für Schlaf. Die Hypnose ist dem Schlaf ähnlich: Das Bewusstsein ist eingeschränkt und sie geht mit Trägheit und Passivität einher. Doch im Gegensatz zum Schlaf verlieren Sie bei der Hypnose nie völlig das Bewusstsein. Sie können – wenn nötig – auf Dinge reagieren, die um Sie herum vor sich gehen. Die Selbsthypnose kann schnell und sicher erlernt werden. Da Sie dabei mit Ihren eigenen Gedanken und Bildern arbeiten, kann die Selbsthypnose nur stattfinden, wenn Sie aktiv und freiwillig daran teilnehmen.

Glücksbringer Meditation

Das Chaos im Kopf, das Nicht-abschalten-Können versetzt uns in Stress. Der Geist kann sich nicht auf zwei Dinge gleichzeitig konzentrieren. Hier kann Meditation hilfreich sein: Indem man sich auf ein einziges Objekt, eine Meditationshilfe, konzentriert - sei es nun ein Mantra (Klangwort), ein Mandala (Bild) oder eine einfache Kerzenflamme – wird der Geist befähigt, Probleme an der Wurzel zu packen und zu überwinden. Wer regelmäßig meditiert, wird stressresistenter und verringert nachweislich die Stresshormone Cortisol und Adrenalin im Blut. Meditation ist leicht erlernbar, man muss nichts tun, außer dem eigenen Atem folgen. Das Geheimnis liegt darin, loszulassen, sich dem Augenblick hinzugeben und zuzulassen, was auch immer geschieht.

Gezieltes Atmen kann sehr entspannen

Legen Sie sich mit gestreckten Beinen auf den Rücken. Legen Sie die Arme parallel zum Körper oder seitwärts in Form eines Kreuzes ausgestreckt. In dieser Lage werden die gesamten Muskeln des Körpers einer nach dem anderen entspannt. Durch bewusstes Atmen gelangen Sie zur inneren Ruhe. Spannungen im Körper und damit auch in der Seele können dadurch abgebaut werden. Atmen besteht aus drei Teilen: Aus dem Ausatmen, Einatmen und Anhalten. Wichtig ist zuerst das Ausatmen des Schlechten. Das sich Entledigen negativer Einstellungen, Gedanken und Gefühle. Dann frische Luft durch die Nase einatmen und durch den Mund wieder ausatmen. Sitzen Sie für kurze Zeit entspannt und wenn es möglich ist, schließen Sie dabei auch die Augen.

Wechseln Sie das Blickfeld

Wenn Sie lange am Computer in den Bildschirm geschaut haben, sehen Sie ruhig mal in die Ferne, um auch Ihren Augen Rast und Entspannung zu bringen.

Und weg damit

Werfen Sie - soweit möglich - unwichtige Post weg. Lesen Sie sie kurz durch und dann weg damit! So vermeiden Sie Chaos in

Ihrem Büro und verhindern die Entstehung von unübersichtlichen Papierbergen.

Schalten Sie öfters den Fernseher aus

Lassen Sie sich nach einem anstrengenden Arbeitstag nicht dazu verführen, zur Entspannung einfach auf die Couch zu liegen und sich vom Fernseher berieseln zu lassen. Dies ist nämlich kontraproduktiv. Die TV-Berieselung ist Schwerstarbeit für Nerven, Augen und Ohren. Viele Programminhalte können zudem Ihr Unterbewusstes belasten und wirken sich negativ auf Schlaf und Träume aus.

Auf sich selber achten

Vermeiden Sie allzu häufigen Alkoholgenuss bzw. nehmen Sie keine Beruhigungs-oder andere Suchtmittel. Achten Sie auf Ihr körperliches Wohlbefinden, insbesondere auf ausreichend Schlaf. Bei Wechseldienst ist eine ausgiebige nachfolgende Regenerationsphase unbedingt nötig. Nach anstrengenden Ereignissen, wie zum Beispiel Überseeflügen (jet-lag), idealerweise ein bis zwei Tage frei nehmen.

Die eigenen Prioritäten erkennen

Konzentrieren Sie Ihre Energien stets auf die für Sie wichtigsten Dinge und bringen Sie diese auch zum Abschluss. Dadurch verschaffen Sie sich regelmäßig kleine Erfolgserlebnisse, die ein wichtiger Motivationsfaktor sind um zeitweilig unvermeidbaren Stress zu ertragen. Achten Sie darauf, Energien nicht für Nebensächlichkeiten zu verschwenden und sich nicht zu verzetteln. Denn dadurch kann leicht Chaos und in weiterer Folge ein Gefühl der Unfähigkeit entstehen. Legen Sie sich am besten eine Prioritätenliste an, die Sie immer wieder aktualisieren und aus der klar hervorgeht, was für Sie die größte Bedeutung hat und wofür Sie bereit sind, am meisten Zeit und Arbeit zu investieren.

Arbeit ist nicht das ganze Leben

Grenzen Sie Ihren Arbeits- und Privatbereich eindeutig ab. Berufliche Belange sollten nach Arbeitsschluss im Familien- und Freundeskreis nur ausnahmsweise angesprochen werden. Stehen sie zu Ihrem Intimbereich und räumen Sie Ihrer Familie, Ihren Freunden und Ihren Hobbies ausreichend Platz ein. Bestehen Sie auf adäquate Entlohnung und vor allem auf einen menschlichen Umgang miteinander: Lassen Sie Geringschätzung durch Vorgesetzte oder Mobbing im Kollegenkreis auf keinen Fall über sich ergehen und organisieren sie sich entsprechende Beratung bzw. Hilfe.

Bringen Sie Ihre Ziele ins Gleichgewicht

Häufig verschieben Menschen Ihr „eigentliches“ Leben auf den Ruhestand, um dann das Leben führen zu können, das sie wirklich möchten. Oder sie genießen vollkommen die Gegenwart ohne eine Vorstellung zu haben, was sie von der Zukunft erwarten und wie diese im Idealfall für sie aussehen soll. Eine ausgewogene Mischung aus kurz-, mittel- und langfristigen Zielen macht Sie in der Gegenwart zufrieden und bietet Ihnen Ausblicke, auf die Sie Ihr ganzes Leben lang hinarbeiten können.

Gelassenheit üben

Gehen Sie die Dinge gelassen an und sehen Sie mit klarem Kopf.

Der Reality-Check

Die wahre Glücksquelle liegt in einem selbst und ist nur sehr beschränkt von äußeren Faktoren und Umständen abhängig. Die meisten Menschen sabotieren ihr persönliches Glück mit falschen Erwartungen. Sie glauben, dass sie glücklicher wären, wenn sie das Aussehen eines Models, den aufregenden Job ihres Nachbarn oder das Vermögen ihres Vorgesetzten hätten. Hier hilft nur der Reality-Check: Untersuchungen zeigen, dass besonders schöne oder besonders erfolgreiche Menschen nicht glücklicher sind als die „Normalsterblichen". Deshalb: Machen Sie sich nicht unglücklich und hören Sie auf zu vergleichen.

Werfen Sie Ballast ab

Eine spirituelle Weisheit lautet: Wie innen - so außen. Das bedeutet: Wer sich mit Ordnung, Überschaubarkeit und Einfachheit umgibt, entlastet auch Geist und Psyche. Seien Sie wählerisch in dem, was Sie besitzen möchten und fragen Sie sich immer: Macht mich dieser Gegenstand auch wirklich glücklicher? Entrümpeln Sie Schritt für Schritt Ihre Schränke, Dachböden, Keller, die PC-Festplatte etc. und geben Sie weg, was Sie nicht brauchen. Sie gewinnen dadurch mehr Raum und Freiheit.

Beziehungs-Check-up

Dasselbe gilt auch für Beziehungen. Es befreit ungemein mit schal gewordenen „Freundschaften" aufzuräumen. Werfen Sie die Adressen von Leuten aus Ihrem Adressbuch, die Ihnen nicht gut tun oder sich immer nur melden, wenn Sie etwas von Ihnen wollen.

Öfters mal seufzen

Im Laufe eines Tages werden Sie sich öfters beim Gähnen und Seufzen ertappen. Seufzen ist normalerweise ein Hinweis darauf, dass Sie nicht genügend Sauerstoff erhalten. Mit dem Seufzen und Gähnen versucht Ihr Körper, die Lage zu verbessern und einen Extraschub an Sauerstoff zu bekommen. Ein Seufzer ist jedoch auch ein Indiz für eine gewisse Anspannung und wird häufig von dem Gefühl begleitet, dass die Dinge nicht so sind, wie sie im Idealfall sein sollten. Sie werden sicher schon bemerkt haben, dass nach einem ausgiebigen Seufzer ein wenig Entspannung eintritt. Um diesen Effekt gezielt zu nützen, versuchen Sie folgende Übung: Setzen oder stellen Sie sich gerade hin. Seufzen Sie tief und geben Sie dabei einen Ton der Erleichterung von sich, wenn die Lunge Ihre Luft verlässt. Denken Sie nicht ans Einatmen und lassen Sie die Luft ganz natürlich hereinströmen. Seufzen Sie acht- bis zwölfmal hintereinander und spüren Sie dem Gefühl der Entspannung nach. Wiederholen Sie diese Übung bei Bedarf.

Im Hier und Jetzt sein

Viel Stress entsteht mitunter durch das Grübeln über die Vergangenheit oder durch die Sorge um die Zukunft. Wenn Sie Ihre gesamte Aufmerksamkeit auf das richten, was Sie genau jetzt tun, dann gehen Sie vollkommen in der Gegenwart auf und nichts anderes kann Sie dabei stören – auch nicht Ängste, Befürchtungen, Sehnsüchte oder andere drängende Gedanken. Gerade die Konzentration auf die Gegenwart erlaubt Ihrem Körper und Geist, in den Zustand der Entspannung zu gleiten. Wenn Sie trotzdem durch Gedanken über die Vergangenheit oder die Zukunft abgelenkt werden, dann registrieren Sie sie und richten wieder Ihren Fokus sanft auf die Gegenwart.

Durchaus auch mal Fremde loben

Geben Sie Kollegen, Freunden, Angehörigen Rückmelden, zu dem, was Sie als angenehm und besonders positiv erleben. Überreich Sie dieses Feedback als Blume – Sie werden sehen, Sie werden einen Blumenstrauß zurückbekommen.

Erstellen Sie einen Aktionsplan

Der häufigste Grund dafür, dass Menschen Ihre Ziele nicht erreichen, ist, dass Sie keinen Aktionsplan haben, der Schritt für Schritt beschreibt, wie sie das Gewünschte erreichen können. Ohne einen solchen Plan ist es für viele aber sehr schwer, aus der gegenwärtigen Situation heraus zu beginnen, die gesetzten Vorgaben zu erreichen. Ein effektiver Aktionsplan kann hierbei sehr hilfreich sein. Er enthält ein exakte Beschreibung des gesetzten Ziels, eine Darstellung der

Hilfsmittel, die für die Zielerreichung erforderlich sind sowie die korrekte Reihenfolge der vorzunehmenden Einzelmaßnahmen. Weiters sollten Möglichkeiten überlegt werden, wie der jeweilige Fortschritt überprüft werden kann. Hilfreich ist außerdem, sich Gründe vorzustellen, die die Zielerreichung verschleppen könnten und für solch einen Fall Gegenstrategien zu entwickeln, sowie sich Belohnungen zur Eigenmotivation auszudenken.

Essen Sie bewusst und regelmäßig

Gesundes und regelmäßiges Essen fördert das Wohlbefinden und verschafft dem Körper sowie dem Geist die notwendige Energie, die für die Bewältigung der täglichen Herausforderungen erforderlich ist. Gesundheitsbewusste Ernährung stärkt zudem das Immunsystem und beugt somit krankheitsbedingtem Arbeitsausfall vor.

Essen Sie sich froh

Roher Paprika macht froh, enthält den Scharfstoff Capsicin, der im Gehirn Endorphine freisetzt. Eine Tasse Kakao macht glücklich, denn Kakao stimuliert die Opiatrezeptoren im Gehirn. An diese Andockstelle heften sich die Endorphine, unsere körpereigenen Drogen. Sie wirken schmerzstillend und machen glücklich. Auch Milchprodukte und Weizen enthalten endorphinartige Glücklichmacher. Schokolade enthält winzige Mengen des marihuanaverwandten Stoffes Anandamid. Zucker erhöht den Serotoninspiegel sofort. In Muskatnuss steckt die kleine Stimmungskanone Myristicin, übrigens auch in Cola.

Ausreichend trinken

Wer ausreichend trinkt, steigert die Konzentrationsfähigkeit und diese verhindert das Gefühl von Anspannung.

Abwarten und Teetrinken heißt die Devise

Zum Beispiel Ingwer als Tee genossen, wärmt und regt den Stoffwechsel an. Johanneskrauttee wirkt beruhigend und spendet Kraft. Der japanische grüne Tee wirkt anregend und immunstärkend. Vor allem der hohe Gehalt an Vitamin C wirkt Erkältungen und Stress entgegen. Auch die Gerbstoffe sind wichtige Bestandteile des grünen Tees, denn sie schalten schädliche Bakterien aus und beugen Entzündungen der Verdauungsorgane vor. Regelmäßiger Teegenuss regt die Blutzirkulation an, schärft die geistige Wachheit und unterstützt die Widerstandskraft des Körpers. Der grüne Tee löscht nicht nur den Durst, sondern heitert auch bei Niedergeschlagenheit das Gemüt auf und erzeugt ein Gefühl des Wohlbefindens. Neueste Untersuchungen in Japan zeigen, dass Menschen, die regelmäßig grünen Tee trinken, seltener an Krebs erkranken als andere - vor allem an Haut- und Magenkrebs. Faustregel für den grünen Tee: drei Minuten Ziehzeit mit 80°C heißem Wasser aufgießen - dreimaliges Aufgießen ist möglich. Trinken Sie mindestens zwei Liter pro Tag. Wer unter einem nervösen Magen leidet, oft unter Termindruck und Stress steht, sollte gerade jetzt Melissentee trinken. Er ist nicht nur Balsam für die Nerven, sondern auch für den Magen. Pfefferminztee wirkt Wunder bei schlechtem Atem. Dabei darf man jedoch die blutdrucksenkende Wirkung dieses Tees nicht außer Acht lassen. Leute mit niedrigem Blutdruck sollten ihn also meiden. Der Brombeerblättertee stärkt das Gedächtnis. Zum Süßen sollte keinesfalls Zucker oder Süßstoff verwendet werden, sondern nur reiner Bienenhonig. Es ist zu empfehlen den jeweiligen Tee zumindest vier Wochen regelmäßig zu trinken, damit er seine Wirkungskraft entfalten kann.

Geben Sie der Frühjahrsmüdigkeit keine Chance

Mit einer zweiwöchigen Brennnesselkur werden Sie unnötige Ballaststoffe los und bringen Ihren Stoffwechsel wieder in Schwung. Vier getrocknete Brennnesselblätter werden mit einem Liter kochenden Wassers überbrüht. Man lässt den Aufguss etwa eine Minute ziehen. Den Tee trinkt man in kleinen Portionen über den Tag verteilt.

Heilwasser

Heilwasser ist bekannt für seine lindernde und vorbeugende Wirkung bei bestimmten Beschwerden. Es hat einen besonders hohen Anteil an Mineralien und Spurenelementen. Noch ausführen

Oder eine Vitaminbombe

Nicht nur Tees, auch spezielle Säfte sind hervorragende Vitaminspender. Trinken Sie alle zwei Stunden ein Glas lauwarmes Wasser mit dem Saft einer frisch gepressten Zitrone - Honig zum Süßen ist erlaubt. Ein hervorragender Durstlöscher ist auch der Apfelsaft oder Traubensaft, mit stillem Wasser aufgespritzt (Verhältnis 1:3). Abwehrstärkend sowie fettverbrennend ist der frisch ausgepresste rote Rübensaft, gemischt mit Apfel und einem Teelöffel Zitrone - diese Mischung ist in den meisten Reformhäusern und Gemüseläden frisch erhältlich.

Ein Powerdrink für zwischendurch

Gönnen Sie sich zwischendurch ein wunderbares Getränk mit vielen wertvollen Mineralstoffen: Nehmen Sie jeweils einen Bund Petersilie und Dill, waschen Sie die Kräuter und schneiden oder hacken Sie sie klein. Geben Sie die Kräuter, einen vorgekühlten Becher Kefir und einen Esslöffel Weizenkeim in den Mixbecher, kurz durchmixen und schon haben Sie Ihren Powerdrink.

Vermeiden Sie Energiesauger

Manche Lebensmittel schmecken zwar gut, machen jedoch müde, schlapp und bei übermäßigem Verzehr auch krank. Vermeiden Sie daher stark verarbeitete Fertigprodukte, Fastfood, Cola, zu viel Kaffee und zu viel Salz. Beachten Sie auch, dass viele Light-Produkte künstliche Süßstoffe enthalten, die zu Blähungen führen können.

Wellness-Zentrale Darm

Der Darm ist unser wichtigstes Verdauungsorgan. Hier wird die Nahrung aufgespalten, Nährstoffe werden über das Blut in alle Organe weitergeleitet, unverdauliche Bestandteile und Schadstoffe wieder ausgeschieden. Eine intakte

Darmschleimhaut sorgt zudem dafür, dass Krankheitserreger keine Chance haben. Häufiger Stress, Rauchen, hastiges Essen oder unzureichendes Kauen beeinträchtigen die Darmtätigkeit und können längerfristig zu Verstopfung führen. Die für den Körper wichtigen Vitalstoffe werden nicht mehr optimal aus der Nahrung herausgefiltert und Mangelerscheinungen können die Folge sein. Unterstützen Sie deshalb die Funktionsfähigkeit Ihres Darms durch bewusste gesunde Ernährung und viel Bewegung. Hilfreich ist auch ab und zu ein Entschlackungstag.

Fasten macht Ihren Kopf frei

Es klingt merkwürdig, aber Fasten reinigt nicht nur den Körper, es macht auch den Kopf frei und entspannt. Durch den Nahrungsentzug werden mehr Serotonine gebildet und deren Abbau verlangsamt sich. Die Glückshormone können dadurch länger wirken. Sie sollten jedoch nie auf eigene Faust über einen längeren Zeitraum fasten, sondern nur unter ärztlicher Aufsicht.

Platz für Hobbies schaffen

Zeit nehmen für das was Ihnen Spaß macht. Egal welche Hobbies Sie haben, intensivieren Sie sie. Dadurch nehmen Sie sich einerseits Zeit für sich und vertiefen andererseits Ihr Wissen in diesem Gebiet. Dies baut Ihr Selbstbewusstsein auf und führt dadurch wieder zu einem gewissen Entspannungseffekt.

Stressdeponie

Entrümpeln Sie alles was Stress macht und Sie belastet und geben Sie es imaginär auf eine Deponie.

Vielleicht auch mal die Beine in die Höhe

Lagern Sie ihre Füße kurz mal hoch, vielleicht auf einen anderen Sessel, der visavi vom Schreibtisch platziert ist oder auch kurz mal auf dem Schreibtisch. Bei beginnender Anspannung ist es von Vorteil, wenn Sie sich bewegen. Ein Stück zu laufen, kann Wunder bewirken.

Kurz mal Flachlegen

Legen Sie sich ganz flach auf den Boden, Ihrer Verspannung zu liebe.

Sekundenschlaf

Bekannt als das plötzliche und unerwartete Einnicken für einige Sekunden. Dieser Sekundenschlaf setzt meist zur Zeit des "toten Punkts" ein, zwischen 3 und 4 Uhr morgens oder auch tagsüber in extremen Ermüdungssituationen, wenn Konditions- und Konzentrationsprobleme auftreten. Man kann diese Form von Sekundenschlaf auch in positiver Weise nutzen. Dafür muss dieser Schlaf als Technik speziell erlernt werden, wofür sachkundige Hilfe und spezielle Kurse nötig sind. In dieser Weise kann auch der Sekundenschlaf zu intensiver Entspannung verhelfen.

Powernapping

Machen Sie ein kurzes Schläfchen: Ein 10 Minuten Powernapping hilft, egal ob zu Hause, im Büro, oder woanders zwischendurch. Powernapping. kann wahre Wunder wirken - und vielmals erwachen Sie mit frischer Energie. Achten Sie darauf, dass Sie sich einen Wecker stellen, damit Sie nicht zu lange schlafen. Ein zu langer Schlaf während des Tages bewirkt nämlich, dass unsere innere Körperuhr durcheinander gerät. Zudem kann bei Menschen mit niedrigem Blutdruck dieser dadurch rapide abfallen und Sie erwachen dann mit Kopfschmerzen und Schwindelgefühl.

Schlafgut

Bereiten Sie sich auf einen erholsamen Schlaf und gutes Einschlafen vor. Lüften sie ausreichend ihr Schlafzimmer vor dem Zubettgehen. Vermeiden Sie Anspannung beziehungsweise sorgen Sie für Entspannung am Abend, sorgen Sie für einen kühlen, ruhigen Schlafraum. Hilfreich ist es auch einen gewissen Schlafrhythmus einzuhalten. Das heißt die Zubettgehzeit sollten nicht mehr als eine halbe Stunde variieren.

Morgenstund‘ hat Gold im Mund

Die erste Übung jeden Tag sollte gleich nach dem Aufstehen erfolgen. Wippen Sie neben dem Bett etwa 50-mal auf den Zehenspitzen – immer auf und ab. Beginnen Sie jedoch langsam und steigern Sie sich dann, bis Sie letztendlich jeden Morgen 50 Wiederholungen schaffen.

Flucht aus dem Alltag

Das Tropho-training wirkt als Blitzentspannung in 90 Sekunden. Ihr Körper wird dabei in einen trophotropen Zustand versetzt, das heißt, die inneren Systeme werden wie im Schlaf auf Regeneration gepolt. So gelangt mehr Sauerstoff in Ihren Körper, die Hirnleistung wird angekurbelt, der Kopf wird frei, sie sind leistungsfähiger und so funktioniert es: Setzen Sie sich bequem hin und atmen Sie ruhig aus. Stellen Sie sich vor, wie Sie alle Belastungen aus sich hinausatmen, sagen Sie sich alles ist gleichgültig und verbinden Sie das mit der Vorstellung einer ausgeglichenen Waage, bei der Sie auf einer Waagschale sitzen und alles, was Sie belastet, auf der anderen Waagschale liegt. Abschließend mehrmals strecken. Das entspannte Hinsetzen, das Aufsagen von Formeln verbunden mit bestimmten Bildern, schafft sofortige Appelle an das Unterbewusstsein, das auf die Botschaften unmittelbar reagiert.

Mentaler Atemzug

Visualisieren Sie: Nehmen Sie einen tiefen, mentalen Atemzug, indem Sie sich einen Platz voll Ruhe und Frieden vorstellen - dies kann ein realer aber auch lediglich in Ihren Gedanken vorkommender Ort sein. Konzentrieren Sie sich auf das Sehen, das Hören und das Riechen - versuchen Sie in Ihrer Vorstellung kleine Details wahrzunehmen, konzentrieren Sie sich darauf, das Singen der Vögel oder das Rauschen des Meeres zu hören. Nehmen Sie den Duft der Blüten wahr, der Sie umgibt.

Brennstoff für Ihre Nerven

Kohlenhydrate sind die Haupt-Powerquelle für den Stoffwechsel. Sie liefern Brennstoff für Gehirn, Nerven und Muskeln und sorgen für gute Laune und Energie. Der Körper braucht regelmäßig Kohlenhydratenachschub, sonst droht Unterzuckerung. Kohlenhydrate sind in Vollkornprodukten, Obst und Gemüse. Essen Sie daher zum Beispiel viel Äpfel, Karotten, Vollkornbrot, Müsli oder Naturreis. Dadurch erreichen Sie, dass Ihr Blutzuckerspiegel konstant bleibt - und damit auch Ihre Gefühlswelt und Ihre gute Laune.

Machen Sie Ihr Zuhause zum Wellness-Tempel

Bringen Sie die Welt der Wellness an den Ort, der Ihnen am nächsten liegt: das Zuhause. Verwandeln Sie Ihr Domizil in Ihre persönliche Wohlfühloase. Es gibt zahlreiche Verwöhnprogramme, die man ohne viel Aufwand auch gut daheim machen kann wie zum Beispiel Selbstmassagen, selbst angefertigte Gesichtsmasken, Bäder, Packungen und Peelings, köstliche Vitalstoff-drinks oder meditative Entspannung. Alles was gute Laune macht und die Lebenslust steigert und Energie bringt, ist erlaubt. Der praktische Vorteil dabei: Diese Verwöhnprogramme sind sehr kostengünstig und Sie müssen dafür nicht einmal Ihr Haus verlassen.

Pflegen Sie Ihre Haut

Dauerhafter Stress spiegelt sich im Erscheinungsbild der Haut wieder. Diese wirkt dann fahl und ungesund. Beugen Sie deshalb vor und pflegen Sie Ihre Haut dem Typ entsprechend. Bei empfindlicher, trockener Haut sollten Sie auf seifen- und alkoholhaltige Reinigung verzichten und zu fetthaltigen Cremes greifen, die möglichst feuchtigkeitsspendende Zusätze enthalten. Bei fettiger Haut – erkennbar an großen Poren und einer Neigung zu Pickeln – verwenden Sie Gesichtswasser mit einem Alkoholanteil von bis zu 40 Prozent. Es darf aber auch Seife sein. Zum Eincremen greifen Sie bei fettiger Haut zu wasserhaltiger Milch oder fettfreien Gels. Für eine geschmeidige Haut empfiehlt sich ein Honigbad, das man problemlos selbst zubereiten kann. Mischen Sie fünf Esslöffel Honig mit acht Tropfen Sandelholz und fünf Tropfen Zitronenöl. Die Mischung wird dann in ein Bad mit einer Wassertemperatur von 37 Grad gegeben.

Sanfter Genuss durch Lymphdrainagen

Der Lebensquell Lymphe ist zugleich Nährflüssigkeit und Abwassersystem des Organismus. Dieses feine System kann durch Stress beeinträchtigt werden. Als Folge davon wird das Gewebe mit alter Lymphe verstopft – es verhungert und wird zugleich durch eigene Abfälle vergiftet. Hier setzt die Kunst der Lymphdrainage an: sanft, rhythmisch und mit geschmeidigen Händen wird eine Art Pumpbewegung mit kreisenden oder streichenden Handbewegungen ausgeführt, drucklos entlang der Lymphbahnen in Richtung Lymphknoten. Die Lymphdrainage ist eine Entschlackungstechnik, die nicht nur entspannt und Zellen regeneriert, sondern auch bei Ödemen oder bei Cellulite erfolgreich angewendet wird.

Ausreichend Licht

Zum Lesen braucht das Auge viel Licht, mindestens 300 Lux. Achten Sie in der Herbst- und Winterzeit in Ihrem Büro deshalb auf ausreichend Kunstlicht, um der vorzeitigen Ermüdung Ihrer Augen vorzubeugen.

Lichtblickrezepte

Ein Lichtmangel kann erwiesenermaßen müde machen, antriebslos und schlaff, sowie zu Depressionen führen. Man spricht von SAD, saisonal abhängiger Depression. Bei Dunkelheit produziert der Organismus müde machendes Melatonin. Bei genügend Licht werden jedoch Glückshormone (Serotonin, Noradrenalin) produziert. Wer unter winterlichem Lichtmangel leidet, kann sich einer speziellen Lichttherapie unterziehen, bei der täglich unter hochintensiven Lampen mit künstlichem Licht über einen gewissen Zeitraum hinweg Lichtbäder genommen werden (eine halbe Stunde bei 10.000 Lux, zwei Stunden bei 2500 Lux). Hilfreich gegen Lichtmangel sind weiters täglich eine halbe Stunde spazieren gehen (idealerweise morgens, wenn das visuelle System besonders empfindlich ist), Tageslichtleuchten (SAD-Lampen) oder Johanniskraut (diese Dragees helfen kleine Lichtspenden der Natur besser zu verwerten).

Farben beleben

Den einzelnen Farben schreibt man unterschiedliche Wirkung auf das vegetative Nervensystem zu. Rot aktiviert Herz und Kreislauf, Blau beruhigt und entspannt, Gelb wirkt auf Lymphe und Schleimhäute und regt die Phantasie an, Grün hat eine ausgleichende und tonisierende Wirkung und senkt den Blutdruck. Wecken Sie Ihre müden Geister, indem Sie sich ein kräftiges Gelb oder Orange konzentriert auf Ihre Magengrube leuchtend vorstellen. Benötigen Sie Wärme und Anregung, dann wählen Sie Farben, die Ihnen angenehm sind, aus dem Gelb/Rotfarbspektrum. Haben Sie Schmerzen, nehmen Sie eher Orange und Rosatöne und beleuchten damit imaginativ Ihre Schmerzstellen. Wollen Sie sich einfach etwas Gutes tun, wirkt am besten grünes Licht auf Ihren Körper. Die beruhigende Farbe Violette bringt Ihnen eine Abkühlung gerade nach hitzigen Debatten.

Kommen Sie in Bewegung

Der tägliche Stress überflutet Sie mit Adrenalin. Mit Bewegung bauen Sie dieses Hormon wieder ab und sorgen so für einen Ausgleich. Lesen Sie dazu die Lauf-Tipps. Greifen Sie zu Ihrem Terminkalender und tragen Sie für die kommende Woche zwei halbstündige Termine für Ihre sportliche Bewegung ein.

Flotte Musik wirkt belebend

Heiße Rhythmen, egal ob Reggae, Jazz etc. wirken belebend. Weiche, fließende Musik, besonders Geigen- und Klaviermusik, wirkt beruhigend gegen Verspannung und Anspannung. Oder nutzen Sie die Energie der Töne. Beethoven, Mozart und die frühen Songs der Beatles sind sehr bekömmlich: Strecken Sie die Arme über den Kopf und atmen Sie dabei tief ein. Beim Ausatmen lassen Sie Vokale ertönen: „U" und „O" beruhigen. „A" harmonisiert, „E" und „I" wirken aktivierend.

Singen Sie öfters ein Lied

Vielleicht im Auto oder alleine im Lift. Wer gut per Stimme ist, kann auch durchaus für seine Kollegen trällern. Die Spannung löst sich automatisch auf.

Schwingen Sie doch mal das Tanzbein

Tanzen belebt Geist und Körper. Nehmen Sie Ihren Partner und gehen Sie ganz altmodisch tanzen. Nicht unbedingt in eine Disco, wo man sich bei zu lauter Musik nur im Lichtgewitter herumdrückt, sondern dorthin, wo man noch einen Standardtanz aufs Parkett legen kann (z.B. Foxtrott, Wiener Walzer oder einen flotten Boogie). Das macht Spaß und trainiert ganz nebenbei auch den Körper.

Ein Gespräch

Bereits nur ein Gespräch über ein entspannendes Thema kann ausgleichend auf den Körper wirken.

Lachen ist gesund

Lachen stärkt das Immunsystem, außerdem werden viele Muskeln gleichzeitig betätigt. Beim Lächeln drückt einer der Gesichtsmuskeln zwischen Auge und Wange auf genau den Nerv, der dem Gehirn fröhliche Stimmung signalisiert. Lachen baut Stress ab. Lachen löst im Körper eine sehr komplexe biochemische Kettenreaktion aus, die bis heute noch nicht gänzlich erklärbar ist. Wer eine gute Portion Humor besitzt, hat nach wissenschaftlichen Erkenntnissen ein stärkeres Immunsystem, ist stressresistenter und leidet weniger an Erkältungen. Wer über sich selbst lachen kann, ist weniger erkältungsanfällig und wer viel lacht, schützt sein Herz vor koronaren Herzkrankheiten. Lachen trainiert den Herzmuskel und wirkt dem Stressfaktor "hoher Blutdruck" entgegen. Dazu zählt allerdings nicht der sarkastische Humor, der andere verletzen soll. Lachen hat einen direkten psychophysischen Entspannungseffekt: Es entkrampft unter anderem Zwerchfell, Schultergürtel und Brustkorb, löst Ausatemblockaden und unterbricht damit die flache Stressatmung. Auf der seelischen Ebene schafft Lachen einen wohltuenden Abstand zum eigenen Ego.

Laut Schreien

Schreien Sie, wenn Ihnen danach zu Mute ist. Raus damit, lautet die Devise.

Der therapeutische Wert einer Dusche

Bereits von den Chinesen, Griechen, Ägyptern, Persern und Hindus erwähnt und auch in unseren Breiten schon lange bekannt ist die beruhigende und zuweilen belebende Wirkung, die das Geräusch von fließendem Wassers auslösen kann. So sind Wasserfälle und plätschernde Bäche immer angenehme Orte zum Innehalten und zum Meditieren. Nützen Sie die wohltuende Wirkung von Wasser indem Sie etwa öfters in aufrechter Stellung duschen.

Täglich ein Fußbad

Entspannen Sie Ihren Körper einmal ausgehend von Ihren Füßen. Ein tägliches Fußbad hilft wohltuend bei müden und abgespannten Füßen und wirkt angereichert mit entsprechenden Zusätzen auf den gesamten Organismus. Aromatische Badesalze aus der Apotheke oder dem Reformhaus sowie Tropfen eines ätherischen Öls regen den Geruchssinn an und wirken über die Haut. Lavendel- oder Rosenöl eignen sich hierfür besonders gut.

Stellen Sie sich einen Platz zum Wohlfühlen vor

Setzen Sie sich ganz bequem hin, lassen Sie den Kopf einfach vorfallen und die Hände auf der Seite runterhängen. Schließen Sie die Augen und stellen Sie sich kurz Ihren ganz persönlichen Platz zum Wohlfühlen vor. Spüren Sie, wie Sie allmählich auftanken. Wenn Sie völlig gestärkt sind, öffnen Sie wieder die Augen, spannen Sie die Ellbogen kurz an und lassen Sie sie anschließend wieder fallen.

Wählen Sie Ihre ganz persönliches Entspannungsverfahren

Ein geeignetes Mittel um Stress vorzubeugen ist die ideale Ausgewogenheit zwischen Anspannung und Entspannung. Auf Phasen hoher Belastung sollen Phasen der Ruhe und Regeneration folgen. Es gibt vielzählige Methoden der

Entspannung. Wählen Sie nicht einfach ein Verfahren, nur weil es derzeit besonders „in" ist. Horchen Sie in Ihren Körper hinein und wählen Sie jene Methode, die Ihrer Persönlichkeit sowie Ihren Vorlieben am ehesten entspricht.

Der Entspannung ins Auge sehen

Augen, die lange die gleiche Entfernung fixieren mussten, freuen sich über Abwechslung. Fixieren Sie einen Stift in etwa 30 Zentimeter Entfernung vor der Nase. Dann soll der Blick in die Ferne schweifen, verschiedene Gegenstände abfahren und wieder zum Stift zurückkehren. Es geht auch noch einfacher: Einen Zeigefinger etwa fünfzehn Zentimeter vor die Nase halten, den anderen weitere 15 Zentimeter dahinter. Den Blick langsam und gleichmäßig von einem Finger zum andern richten. Auch Seitwärts-Blickänderungen helfen entspannen: Erst geradeaus schauen, dann ein paar Sekunden lang mit beiden Augen nach rechts blicken, den Kopf gerade halten. Dann wieder zur Mitte und nach links schauen, anschließend die Augen schließen und entspannen. Diese wie die vorhergehende Übung wiederholt man viermal. Wichtig ist es auch, kurzzeitig Reize auszuschalten: Bedecken Sie die geschlossenen Augen mit den gewölbten Handflächen. So dringt kein Licht ein und die Augenmuskeln entspannen sich. Keinen Druck auf die Augäpfel ausüben und so lange halten, wie es angenehm ist. Bei Bedarf wiederholen.

Lüften tut den Augen gut

Augen danken es auch, wenn der Raum öfter gelüftet wird. Der erhöhte Sauerstoffgehalt der Luft wirkt wie ein natürlicher Augenbefeuchter. Computerarbeiter sollen zudem öfter blinzeln. Normalerweise schließen sich die Lider etwa 22mal pro Minute. Bei der Arbeit am Computer sind es aber nur bis zu 7 Lidschläge. Die Folge: Der Tränenfilm wird seltener erneuert und trockene Augen ermüden schneller.

Richtige Atmung

Ihre Stresshormone können sie förmlich auspusten. Durch verstärktes Ausatmen sinkt der saure PH-Wert im Körper. Atmen durch die Nase hebt die Stimmung, weil dadurch die Luft kühler zum Gehirn gelangt.

Oder tief durchatmen

und zwar am besten vor einer Duftlampe. Lavendel stärkt die Nerven, Rosmarin erfrischt und Melisse beruhigt. Düfte wie Geranie, Jasmin, Orange oder Bergamotte beleben die Stimmung.

Entspannen Sie sich so richtig

Schließen Sie die Augen und stellen sich folgendes vor: Entspannung und Wärme macht sich in Ihren Füßen breit, eine unsichtbare Kraft zieht in Ihren Kniekehlen nach oben, der Boden unter Ihrem Becken wird immer wärmer und Verspannungen lösen sich. Beobachten Sie den Rhythmus Ihrer Atmung, wie sich der Bauch und der Brustkorb heben und senken und wie mit jedem Ausatmen die Schultern mehr zum Boden drücken. Stellen Sie sich vor, wie die gesamte Unterlage, auf der Sie liegen, nachgibt, als würden Sie einen Abdruck hinterlassen.

Tägliche Massagen

Eine kleine tägliche Massage entkrampft Muskulatur und Gelenke und regt noch dazu die Durchblutung an. Entkrampfend wirkt sie dann, wenn Sie mit Daumen und Zeigefinger an den Seiten jedes Fingers von der Spitze in Richtung Wurzel entlang streichen. Dann in spiralförmigen Bewegungen zurück zu den Fingerspitzen massieren. Entspannend ist eine Massage, bei der Sie zuerst die Hand so umfassen, dass der Daumen auf dem Handrücken liegt. Nun mit sanftem Druck des Daumens im Halbkreis über den Handrücken fahren. Pro Hand drei bis sechsmal wiederholen. Extraportion Energie: Reiben Sie die Handflächen kräftig aneinander. So bauen Sie ein Energiefeld auf. Legen Sie anschließend die Hände auf den Nacken, und Sie werden sofort spüren, wie Wärme und Energie in die Muskulatur strömen, was für eine wohlige Entspannung zwischendurch sorgt.

Massieren Sie mit 8 Griffen ihr Gesicht

Eine Massage regt die Durchblutung der Haut an und löst Verspannungen. Sie können Ihr Gesicht selbst ganz einfach und wirkungsvoll massieren: Mit den Fingerkuppen von der Stirn aus abwechselnd sanften Druck ausüben und leicht klopfen. Massieren Sie zuerst mit kreisenden Bewegungen die Stirn von der Mitte nach außen und enden Sie mit einem leichten Druck an den Schläfen. Dann die Nase, indem Sie kräftig an beiden Seiten der Nase abwärts streifen und massieren Sie um die Nasenflügel auf und ab. Massieren Sie von der Mitte der Unterlippe zu den Mundwinkeln, drücken Sie dabei leicht die untere Lippenlinie nach oben und lassen Sie die Finger mit einer Vorwärtsbewegung wegschnippen. Massieren Sie sodann die Wangen in kreisenden Bewegungen aufwärts und nach außen in drei Ebenen, ohne die Finger vom Gesicht zu nehmen, und wiederholen Sie diesen Vorgang dreimal. Drücken Sie die inneren Augenwinkel unterhalb der Augenbrauen, streichen Sie rund um die Augen und enden Sie mit einem leichten Druck an den Schläfen. Streichen Sie mit beiden Handflächen abwechselnd kräftig in einer Aufwärtsbewegung vom Dekolleté bis zum Kinn. Massieren Sie mit Zeige- und Mittelfinger (Schere) in Richtung Ohr, dann mit Daumen und Zeigefinger zurückgleiten. Massieren Sie mit Daumen und Zeigefinger kreisend die Ohrläppchen und das gesamte Ohr, und streichen Sie dann vor dem Ohr mit dem Daumen abwärts.

Stresslösende Reflexzonentherapie

Reflexzonen sind Nervenpunkte an Händen, Füßen und Ohren, die eine direkte Verbindung zu anderen Körperteilen, Organen und Muskeln haben. Massiert der Therapeut eine bestimmte Reflexzone, wird das zugehörige Organ stärker durchblutet, das heißt, besser mit Sauerstoff, Nährstoffen, Hormonen und Abwehrstoffen versorgt. Als Stresslöser und

Krankheitsprophylaxe hat sich diese Art der Massage sehr bewährt.

Edle Steine

Schon der Anblick eines schimmernden Kristalls, in dem sich das Licht bricht, das ein faszinierendes Muster zaubert, kann glücklich machen. Darüber hinaus wird bestimmten Steinen auch eine positive Wirkung auf Seele und Geist zugeschrieben.

Orangencalcit: unterstützt die selbstlose Liebe

Bergkristall: bringt die Energie wieder in Fluss und löst Blockaden im Körper

Howlith: hilft gegen Schwächezustände und verleiht Überzeugungskraft

Rosenquarz: wirkt beruhigend und fördert Liebe, Zärtlichkeit und den Sinn für alles Schöne.

Jade: steht für Zufriedenheit, Selbstlosigkeit und Klugheit. Bringt Entspannung und festigt Liebes Beziehungen

Aventurin: wirkt beruhigend bei emotionalem Stress und hilft inneres Gleichgewicht zu finden.

Unakit: wirkt ausgleichend auf geschwächte, ausgezehrte und wetterfühlige Menschen

Amethyst: stärkt die geistige Kraft, nimmt Ängste, bremst Überreaktion.

Den einzelnen Farben schreibt man unterschiedliche Wirkungen auf das vegetative Nervensystem zu. Rot aktiviert Herz und

Kreislauf, blau beruhigt und entspannt, Gelb wirkt auf Lymphe und Schleimhäute und regt die Phantasie an, grün hat eine ausgleichende und tonisierende Wirkung und senkt den Blutdruck.

Eine Prise Meersalz

Salz ist ein „Medikament", das von Heilkundigen seit vielen Jahrhunderten angewendet wird. In bestimmten Kulturen wurde Salz mit Gold aufgewogen. In Wüstenländern wissen die Menschen, dass die Salzaufnahme ihr Überleben sichert. Für diese Menschen sind Salzminen gleichbedeutend mit Goldminen. Nachdem Salz jahrelang verteufelt wurde, wird seine Bedeutung als Nahrungsergänzungsmittel allmählich wieder bestätigt und anerkannt.

Wasser, Salz und Kalium regulieren gemeinsam den Wassergehalt des Körpers: Wasser bahnt sich seinen Weg zu allen erreichbaren Zellen, um die giftigen Abfallprodukte des Zellstoffwechsels hinaus zu schwemmen. Sobald Wasser in die Zellen gelangt, wird es vom Kalium festgehalten und zwar in dem Ausmaß, in dem Kalium in den Zellen verfügbar ist. Salz entzieht den Zellen Wasser (osmotische Retention von Wasser durch Salz) und sorgt so für den Wasserausgleich im Extrazellulärraum.

Unsere tägliche Nahrung enthält viel Kalium aus den natürlichen Quellen Obst und Gemüse, aber kaum Salz. Dieses muss zugeführt werden. Unraffiniertes Meersalz, das noch etliche andere für den Körper wichtige Mineralien enthält, ist vorzuziehen (allfälligem Jodmangel kann mit speziellen Präparaten entgegengewirkt werden).

Salz ist nicht nur für die Regulierung des Wassergehaltes im Körper verantwortlich, sondern ist unter anderem wichtig zur Erhaltung des Muskeltonus und der Kraft, den Serotonin- und Melatoninspiegel im Gehirn konstant zu halten, für die Behandlung von emotionalen und affektiven Störungen (Lithium ist ein Salzersatz, der bei der Behandlung von Depressionen eingesetzt wird), und für die Regulation des Schlafes. Salz ist zudem ein starkes „Anti-Stress-Mittel" für den Körper. Sie sollten es jedoch mit dem Salz nicht übertreiben, das Verhältnis zwischen Salz- und Wasserbedarf des Körpers muss stimmen.

Was hilft bei Verspannung?

Bei Verspannungen ab ins Wasser: Ein warmes Bad, c.a. 20 Minuten lang, entspannt einerseits die Muskeln und hilft andererseits gedanklich zur Ruhe zu kommen. Badezusätze mit Kräutern und Aromaölen wie Neroli oder Ylang-Ylang verstärken die wohltuende Wirkung. Als ebenfalls entspannend und gesundheitsfördernd erweisen sich regelmäßige Sauna- und Dampfbadbesuche. Hilfreich gegen Verspannungen sind weiters Hirsekissen. Diese nehmen die Hautfeuchtigkeit auf und passen sich der natürlichen Körperhaltung an.

Wenn der Körper anfängt zu schmerzen

Arme und Beine strecken. Das lindert schnell.

Ein Griff in die Lade der Homöopathie

Bei Nervosität und innerlicher Unruhe, Coffea D12, 3 bis 6 Mal täglich. Bei Herzklopfen, Angst und Unruhe, Aconitum C30 nach Bedarf einnehmen, bei Überarbeitung und Gereiztheit, Nux Vomica D12, ein bis dreimal täglich, bei Kopfweh, Belladonna D12, alle halbe Stunde bis 4 Stunden, bei Ärger aufgrund von aufgestauten Gefühlen, Piper thysticum D2, 3 mal täglich einzunehmen.

Bach-Blütentherapie

Die Bach-Blütentherapie ist eine natürliche und sanfte Behandlungsmethode, die es spontan ermöglicht, negative Stimmungen und Gefühle zu lindern. Ansatzpunkt von Dr. Edward Bach, der die Therapie, inspiriert von der Homöopathie, entwickelte: Gerade die negativen Gedanken, Gefühle und Empfindungen können uns darauf hinweisen, dass etwas nicht in Ordnung ist und zeigen die Richtung, in die man etwas verändern sollte. Insgesamt 38 verschiedene Essenzen werden bei der Bach-Blütentherapie zur Behandlung von seelischen Unstimmigkeiten, negativen Denkmustern und Einstellungen sowie Charakterschwächen eingesetzt. Sie sind in den meisten Apotheken erhältlich. Die Essenzen entspannen, harmonisieren und helfen langfristig dabei, die eigene Mitte zu finden. Um herauszufinden, welche Essenz bei akuten Problemen hilft, kann man einen Heilpraktiker oder einen Arzt konsultieren, der Bach-Blüten einsetzt. Die Bach-Blütentherapie ist aber auch zur Selbstbehandlung geeignet. Bei Stress zu empfehlen: Rescue-

Remedy-Tropen (ein Mix aus fünf verschiedenen Bach-Blütenessenzen): Drei Tropfen unter die Zunge gegeben, helfen sie bei Stress und unangenehmen Situationen.

Womit kann der Arzt helfen

Akupunktur lindert Schmerzen akut, kann aber auch langfristig gegen die Ursache von Verspannung wirken.

Durch Spritzen kann die Schmerzlinderung beschleunigt werden.

Manuelle Medizin wie Chirotherapie oder Osteopathie löst die Blockaden der Gelenke sowie Muskelverspannungen.

Heilgymnastik dient als Ausgleich für einseitige Belastungen und zum Bewusstmachen und Vermeiden solcher, Verkürzungen werden wegtrainiert.

Ein kleiner Waldspaziergang gefällig?

So kann ein kleiner, täglicher Spaziergang im Wald, auch wenn er nur zehn oder 20 Minuten dauert, kann die ideale Kombination von körperlicher Bewegung und einer kleinen Meditation darstellen.

Auf einer Linie laufen

Malen Sie mit Kreide einen geraden Strich auf den Boden oder legen Sie einen Wollfaden gerade hin. Nun müssen Sie exakt auf diesem Strick laufen und so über die Linie balancieren. Lassen Sie sich nicht entmutigen, wenn es nicht gleich klappt, sondern üben Sie es einfach täglich 5 bis 10 Minuten lang.

Arme und Beine kreisen lassen

Stellen Sie sich gerade hin. Heben Sie ein Bein an und lassen Sie nun beide Arme kreisen. Wenn Ihnen das gut gelingt, kreisen Sie anschließend abwechselnd den linken und dann den rechten Arm. Wechseln Sie die Beine regelmäßig und versuchen Sie, von Tag zu Tag länger auf einem Bein auszuhalten.

Balance Übung im Gehen

Marschieren im Stand. Dazu stellen Sie sich aufrecht hin und heben die Knie bis in Hüfthöhe. Marschieren Sie auf diese Weise etwa 3 Minuten lang ohne sich dabei wirklich fortzubewegen.

Strecken Sie sich so richtig durch

Greifen Sie ruhig mal nach den Sternen, atmen Sie tief, stellen Sie sich auf die Zehenspitzen und strecken Sie die Arme so hoch wie Sie können. Anschließend die Arme wieder locker runterfallen lassen. Wiederholen Sie diese Übung dreimal. Stretchen löst Verspannungen, regt die Durchblutung und kurbelt den Stoffwechsel an.

Schütteln Sie sich mal kräftig durch

So wie ein nasser Pudel. Schütteln sie Arme und Hände, Beine und Füße, Schultern und Kopf aus - und damit Stress und Spannung ab.

Greifen Sie mit dem Handrücken

nach oben, balancieren Sie ein imaginäres Päckchen Zucker und strecken Sie den Arm waagrecht aus. Denken Sie zirka eine Minute lang an ein angenehmes Urlaubserlebnis und entspannen Sie sich. Danach sprechen Sie mehrmals laut und deutlich ein Wort aus, das bei Ihnen üblicherweise Stress auslöst. Sie fühlen, wie das Päckchen schwerer wird. Kehren Sie nun zur Vorstellung des Urlaubserlebnisses zurück und Sie werden feststellen, wie der Arm plötzlich leichter wird.

Lassen Sie sich mal hängen

Die meisten Menschen leiden an Rückenschmerzen. Langes Sitzen trägt zu diesem Missstand bei. Tun Sie Ihrem Rücken in den Pausen etwas Gutes. Strecken Sie sich, gehen Sie ein paar Schritte und schwingen Sie die Arme. Noch mehr Wirkung erreichen Sie mit dem M-Extender, einem Extensionsgerät zur Entlastung der Wirbelsäule.

Gehen Sie auf Distanz

Viele Menschen sitzen viel zu dicht vor Ihrem Bildschirm. Die zunehmende Sehschwäche vieler PC-User bestätigt dies. Lassen Sie doch mal die Arbeitsplätze in Ihrem Bereich von einem Experten überprüfen und nutzen Sie seine Anregungen. Neben den Verbesserungen am eigenen Arbeitsplatz werden Ihre Mitarbeiter die Tipps sicher dankbar aufnehmen.

Sorgen Sie für Abwechslung

Tauschen Sie Ihren Schreibtischstuhl gelegentlich mit einem Gymnastikball. Das stärkt Ihre Rückenmuskulatur und sorgt für eine gute Haltung. Und wenn ein großer gelber Ball nicht passt, legen Sie sich einfach einen Swopper zu. Der kann dann in

Ihrem Team die Runde machen. Mehr als 1-2 Stunden pro Tag sollte man nicht darauf sitzen.

Schonen Sie sich

Denken Sie daran, dass auch Erholungsphasen eingeplant sein wollen. Das beginnt mit einer frühzeitigen Planung der Jahresurlaube und reicht bis zur täglichen Planung der Pausen passend zur individuellen Leistungskurve.

Zum
Weiterlesen...

10. LITERATURTIPPS ZUM WEITERLESEN

Borgdorf-Albers Gabriele, Ruhepunkte, Klett, 2000

Lo Verde Mary, Wege aus der Stressfalle, Mvg, 2001

Maslach Christina, Die Wahrheit über Burnout und Stress, Springerverlag, 2001

Matys, Erwin / Zidek, Heinz: Stressmanagement für Produktmanager, 2011.

Meichenbaum W. Donald, Interventionen bei Stress, Huber, 2002

Prünte Thomas, Der Antistressvertrag, Überreuterverlag, 2003

Rossi Ernest L. , Nimmons David Zwanzig Minuten Pause, Junfermann, 2007

Seiwert Lothar, Wenn Du es eilig hast, gehe langsam, Campusverlag, 2005

Spachtholz Barbara, Intelligentes Stressmanagement, Walhalla, 1998

Strobe Rainer W., Arbeitsmethodik, Band 2, Sauerverlag, 2002

11. ABBILDUNGSVERZEICHNIS

Printed by Books on Demand GmbH, Norderstedt / Germany